WHITE FRAGILITY

Robin DiAngelo

ロビン・ディアンジェロ

貴堂嘉之＝監訳　上田勢子＝訳

ホワイト・フラジリティ
私たちはなぜレイシズムに向き合えないのか？

明石書店

ホワイト・フラジリティ　私たちはなぜレイシズムに向き合えないのか　目次

＊本文中の［］は訳註

赤ん坊のときから行われ続けた白人至上主義を讃える儀式は、意識をすり抜けて、筋肉の奥にまで深く入り込んでいく……そしてもう切り離せなくなってしまうのだ

――リリアン・スミス『夢を殺した人たち』（*Killers of the Dream*）一九四九年

はしがき

アイデンティティ政治

アメリカ合衆国は、すべての人間は平等に造られている、という理念の上に築かれた。それなのにこの国は、先住民の集団虐殺と、彼らの土地の窃盗を試みたところから始まった。アメリカの富は、誘拐され奴隷化されたアフリカ人とその子孫の労働によってつくられた。女性は一九二〇年まで選挙権を与えられなかったし、黒人女性にはその権利が一九六五年まで認められなかった。アイデンティティ政治《ポリティクス》という言葉は、平等を得るために特定の集団が直面した苦悩という障壁を焦点としている。我々はまだ建国の理念を達成していない。これまでの利益はどれもアイデンティティ政治によって得られたものなのだ。

この国で権力の座についている人のアイデンティティは依然として、驚くほどに共通している。白人男性で、中上流階級の、健常者である。この事実は政治的正当性《ポリティカル・コレクトネス》の面からは認められなくても、事実であることに変わりない。権力の座についた人々によって決定されたことは、その座につくことのできない人々の生活に影響を与える。権力を持つ人間による排除は意図的に行われるのではない。我々白人の行動が排除をもたらすためには、意図する必要がないのだ。あらゆる人間は偏見を持つので、常に暗黙の偏見が起きていると言える。ただ単に人種の同質性によって不公平が起きるのだ。たとえば、もしあなたが直面している障壁に私が気づかなければ、私にはそれが見えないし、ましてやそれを取り去ろうという気にもならない。さらに、その障壁が私にとって当然の利益をもたらしているとしたら、なおさらそれを除去しようとはしないだろう。

女性参政権、障害を持つアメリカ人法、連邦政府による同性婚の承認といった平等権の領域におけるあらゆる発展は、アイデンティティ政治によって達成されたものだ。二〇一六年の大統領選挙を左右したのは白人の労働者階級の票だった。これもすべてアイデンティティ政治の表れである。

女性の選挙権について考えてみよう。女性であることによって選挙権が否定されるのなら、その事実によって女性は自分自身にその権利を与えることができない。そしてもちろん、選挙できるように票を投じることもできないのだ。男性が女性を選挙から排除するすべての仕組みをコントロールしていると同時に、排除を解く仕組みをもコントロールしているのなら、女性は男性に正義を求めなくてはならない。ただし男女を名指しできなければ、女性の選挙権や、それを男性が許可すべきものにしていることに触れられないだろう。障壁に立ち向かう集団の名前を挙げないことは、すでに権利を持つ人だけに利益を与えることであり、支配する集団だけがアクセスを持つのが一般的だと思い込むことなのだ。たとえば、一九二〇年に女性に選挙権が与えられたと私たちは教えられてきたが、完全な権利を得たのは白人女性であって、それを許可したのは白人の男性であったという事実を私たちは無視している。投票権法によって人種を問わずすべての女性に完全な選挙権が与えられたのは、一九六〇年代になってからだった。このようにだれに権利があって、だれにないのかを明確に名指しすることが、不正義に立ち向かう努力へとつながるのである。

本書がアイデンティティ政治に根ざしていることを、私は公言してはばからない。白人である私が、白人に共通する力学について問うているのだ。私は主に白人の読者に向かって書いている。本書で「我々」や「私たち」という場合、白人集団を意味している。白人という言い方は白人読者にとって耳障りかもしれない。なぜなら私たちはめったに、自分や白人仲間を人種として考えるよう求められないからだ。しかし、その不快さを前にして逃げるのではなく、白人のアイデンティティについて批判的に調査するスタミナをつける練習をしてはどうだろう。それが白人の心の脆さ《ホワイト・フラジリティ》に対峙する手段として必要ではないか。しかし、主に白人の聴衆の前で白人として話すとき、私は依然として白人を中心に据えて、白人の声で語っていることになり、私にとってこのことはアイデンティティ政治の観点からはまた別の問題となっている。このジレンマの解決策はまだ見つからないが、当事者として白人の体験を語れば、聴衆はそれを否定しづらくなるだろう。したがって、白人の声を中心に置いて話をしていても、私は自分の当事者としての立場を使ってレイシズムに挑むことができる。自分の立場をこのように利用しなければ、レイシズムが維持されることになり、それはあってはならないのだ。私はこのジレンマとともに生きていくしかない。私の意見だけを聞くべきだと言っているのでは決してない。パズル全体を解くのに必要な多くのピースのうちの一つになれれば、それでいいのだ。

自分を白人だと認識していない人たちにとっても、なぜ白人とレイシズムについて話し合うのがこれほど難しいのかを理解するために、この本は役に立つかもしれない。非白人がこの社会で成功するためには、ある程度、白人の意識を理解せざるを得ないだろう。しかし、その理解を肯定するものも、白人とかかわるときの非白人の挫折感を認めるものも、この支配的な文化の中には何もない。この探究が、異なる人種間における非白人の体験を肯定し、有効な洞察をもたらすものであってほしいと願っている。

本書ではアメリカ合衆国および西洋（アメリカ合衆国、カナダ、ヨーロッパ）の一般情勢が描かれている。その他の社会政治学的な背景における微妙な差異や変化には触れていない。しかしこうしたパターンは、オーストラリア、ニュージーランド、南アフリカなどの白人の入植地の社会の白人にも見られるものだ。

多人種の人はどうなのか？

私は本書を通じて、レイシズムは非常に複雑で微妙であるから、完璧に学習したり学び終えたりすることはないと主張している。複雑さの一例が「白人」と「非白人」という人種カテゴリーである。私は白人と非白人という言葉を、マクロレベルの社会に見られる人種ヒエラルキーにおける二つの分断として使っている。しかしこの二つの言葉には大きなバリエーションがあることにも気づいている。（第I章で説明するように）集団のアイデンティティに目を向けるために一時的に個人主義を留保することは白人にとって有益だと私は信じているが、非白人の場合では、全く異なるインパクトを与えるものになる。特に多人種《マルチ・レイシャル》の人にとって、このカテゴリーの二分化は彼らをやっかいな「中間」に取り残してしまう。

　混血の人びとは、自らの人種構成や境界に向き合っており、人種上のカテゴリーが深い意味を持つ社会で特有の問題に直面する。支配社会は、最も身体的に似通った人種上のアイデンティティを混血の人に与えるが、それがその人の内面における人種上のアイデンティティと一致するとは限らない。たとえば、ミュージシャンのボブ・マーリーは混血だが、社会は彼を黒人と見なし、そのように扱ってきた。人種上のアイデンティティが曖昧な多人種の人は、常に説明および「どちらかを選ぶ」ことを強いられるのだ。さらに彼らの人種上のアイデンティティは、両親の人種上のアイデンティティと、育ったコミュニティの人種別人口統計によって、さらに複雑なものとなる。たとえば、黒人のように見えて黒人として扱われている子どもでも、主に白人の親に育てられた場合は、自己をより強く白人として認識しているかもしれないのだ。

　白人として見られること、すなわち「白人として溶け込めること《パッシング》」をめぐる力学も、多人種の人のアイデンティティを形成する。なぜなら、白人として溶け込むことによって社会における白人の特権を得ることができるからだ。しかし、白人として通る混血の人が、白人として通用しない非白人の人から恨まれたり、孤立させられたりすることもあり得るだろう。混血の人は、「本当の」非白人にも、「本当の」白人にも見られないかもしれない（「パッシング」という言葉が白人として溶け込めるという意味を持つのに対し、非白人として通用するという意味の言葉が存在しないことは特記すべきだろう。これにより、レイシズムの社会では常に白人性《ホワイトネス》が望ましい方向であり、非白人として見られる方向は好ましくないという事実が強調される）。

私には、多人種の人のアイデンティティがいかに複雑であるかについて十分かつ正当な評価を下すことはできないだろう。しかし、白人の心の脆さに取り組むために、私は多人種の人に顕著さ《サリエンシー》という概念を与えたい。我々はだれでも、いくつもの交差する社会的な立ち位置を占めている。私の場合は、白人で、異性愛者の女性で、健常者で、中年である。これらのアイデンティティは互いを打ち消すことはなく、状況によってより顕著になったり、目立たなくなったりするのだ。たとえば、私以外に女性がいない集団では、私のジェンダーが顕著になる。全員白人の中に非白人が一人しかいないような集団なら、人種が最も顕著なアイデンティティとなるだろう。本書を読んで、自分の体験に訴えかけてくるものは何か、そうでないのは何か、そしてそれはどんな状況なのか、それを決めるのはあなた自身なのだ。白人と認識する人たちにとって人種について話すのがなぜこれほど困難なのか、その理由についてあなたが理解を深めること、そして／あるいは、人種という荒れた海の日常を舵取りしながら、あなたが自分の人種にどう相対していくべきか、洞察を得ることを願っている。

序　ここからはたどり着けない

私は白人女性です。黒人女性の同僚と、会議室に集められた白人社員たちの前に立っています。ある会社の依頼を受けて、人種について話し合うために私たちはここに来たのです。緊張感と嫌悪感が部屋中にみなぎっています。私はたった今、レイシズムの定義について話し終えたところです。白人には非白人をしのぐ社会的、制度的な力があることに気づくのもその定義の一つだと話しました。すると一人の白人男性が机にこぶしを叩きつけながら叫びました。「白人こそ、だれにも雇ってもらえないじゃないか！」。この部屋にいる四〇人のうち三八人が白人です。この白人男性はなぜそんなに怒っているのでしょう？自分の怒りがどれほどショックを与えているかに気づこうとしないのでしょうか？彼が怒りを噴出させることで、ここにいる何人かの非白人がどんな気持ちになるかわからないのでしょうか？他の白人男性は黙ったまま彼に同意しているか、彼の発言を無視しているようです。なぜですか？私はただ、レイシズムの定義を明確に述べただけなのに。

人種間の分断と不平等が深刻なアメリカ社会に生きる白人は、分断と不平等から恩恵を受けている。私たち白人は人種をめぐるストレスから庇護され、自分には特権を得る資格と価値があると感じるようになったのだ。白人が支配する社会において、白人が人種をめぐる不快感を持たされることはめったにない。だから人種に対するスタミナをつける必要はないのだ。自分でも気づくことのない、あるいは決して認めようとしない、深く内面化された優越感に慣らされてしまった私たちは、レイシズムについて話し合うとき、ひどく脆くなる。人種をめぐる世界観を問われることは、自分が善良で道徳的な人間かどうかを問われることと同じだと考えるのだ。したがって、人種差別的な組織と結びつけられそうになると、倫理観を不当に侵害されたと感じて動揺してしまう。人種をめぐるほんの些細なストレスにすら耐えられないし、白人性《ホワイトネス》の意味を示唆されるだけで、様々な自己防衛反応が起きる。怒り、恐れ、罪悪感といった感情や、論争、沈黙、そして、ストレスの起きる状況からの撤退といった行動が、そうした反応である。これらは、挑戦をはねのけ、白人としての快適さを取り戻し、人種ヒエラルキーの中で優位性を保つことによって、白人の心の平静さを取り戻そうとする反応なのだ。このプロセスを私は「白人の心の脆さ《ホワイト・フラジリティ》」と概念化した。白人の心の脆さとは困惑や不安によって誘発されるものだが、優越感と権利意識から生じたものなのだ。白人の心の脆さは、いわゆる弱さではない。実際、これは白人における人種上の支配と特権を守るための強力な手段なのだ。

白人の心の脆さは、人種をめぐる不快感に反応する白人にお馴染みのパターンだ。一人ひとりの人生は違っていても、同じ人種のプールを泳いできた白人にとって、この感覚はだれもが身近に感じるものだろう。私は仕事を通してこのことに気づいた。私は一風変わった仕事をしている。連日、主に白人の聴衆を相手に、レイシズムについてディスカッションを交わすという仕事だ。たいていの白人にとっては避けたい仕事だろう。

以前、この職業は「多様性《ダイバーシティ》トレーナー」と呼ばれていた。白人に向かって、あなたも何らかの意味でレイシズムに関与しているのだと伝えると、実に多くの人が怒ったりむきになったりすることに私は驚かされた。レイシズムのワークショップに参加させられること自体が、すでに腹立たしいのだ。参加者は、部屋に入ったときからもう憤慨していて、ノートを机に叩きつけたり、エクササイズに参加するのを拒んだり、一々反論したりすることで、自分がはっきり怒っていることを始終、周囲に示し続ける。

レイシズムという複雑な社会力学について学ぶことに腹を立てたり、興味を持とうとしたりしない彼らの態度が、私には理解できない。特に私を困惑させたのは、ほとんど、あるいは全く非白人のいない職場で働く人に、共同ファシリテーターの黒人から学ぶ機会をせっかく与えられているのに、こうした反応を示すことが多いことだ。私は、そういう職場でこそ、人種偏見に関するワークショップが歓迎されるだろうと思い込んでいた。そもそも職場に多様性がないこと自体が、問題を示したり、少なくとも何か考え方が欠如していることを表してはいないだろうか？　あるいは、ワークショップの参加者たちは、異なる人種間の交流が乏しいため、人種に関する十分な知識がないだけなのか？

こうした反応の根底にあるものに気づくまでには何年もかかった。はじめは威圧され、それから、しり込みして何も言えなくなった。しかし次第に、人種について話し合うことや、非白人の意見を聞くことへの怒りと拒絶の根底にあるものが見え始めてきたのだ。参加者が様々であっても、そこには一様に同じ反応が見られた。たとえば、白人の多い郊外住宅地に住み、非白人と持続した交流を持たない白人参加者の多くは、自分には人種をめぐる差別意識も敵意も持たない自信があると言う。参加者の中にはレイシズムの問題を、善人対悪人のように単純化してしまう人たちもいた。多くの人は、一八六五年に奴隷制度が廃止されてレイシズムが終わったと信じているようだ。白人であることの意味合いについて述べただけで、彼らは反射的に自己防衛をしたり、白人の特権を認めるのを拒否したりした。今や白人の方こそ抑圧されていると主張する参加者も多く、積極的差別是正措置《アファーマティブ・アクション》に関することすべてを深く嫌悪する人もいた。私は、いつも確実に起こるこのような反応を予測できるようになった。そして彼らの抵抗を私への個人攻撃だと思わないようにした。彼らとの衝突を回避しようとせずに、そこに隠れているものについて考えるようになったのだ。

次第に、人種をめぐるこうした反応を支えているあやふやな信念である白人性という柱が見えてきた。悪人だけがレイシストであるという強い信念、個人主義のおかげで白人である自分は社会化されていないという信念である。レイシズムというものを、複雑で相互関連のある制度としてではなく、個人による個別の行為として考えるように教えられてきたこともわかった。そして、非白人に対する反感があまりにも大きいため、自分たちには非白人よりも多くの資格と権利があって当然だと思っていることも、白人自身が自分たちを待遇する制度の構築に貢献していることも見えてきた。しかし同時に、白人はそれらすべてを否認しようと膨大な労力を費やしており、この力学を指摘されると防衛的になることにも気がついた。そしてこの白人の防衛性によって人種をめぐる現状は変わることがないだろう。

自分自身のレイシズムについての考えのみならず、メディアや様々な文化に対するより批判的な見方、そして多くの優秀で辛抱強い非白人の助言者たちの考えに触れることによって、私はレイシズムを支える柱の作用が理解できるようになった。もし私が、人種が異なるという理由で人を傷つけるのは悪人だけだと信じていたら、あなたもレイシズムに関与しているのではないかと言われれば大いに憤慨するだろう。悪人だけがレイシストだと信じているなら、自分がひどい誤解を受けたと感じるだろうし、そうではないと否定して、当然自分の人格を守ろうとするだろう（考えてみるとこれまで私は何度もそんな反応をしてきた）。私たちが教えられてきたレイシズムの定義のせいで、白人はレイシズムを理解することが事実上不可能になってしまった。人種上の庇護がなされ、それが維持されてきたことと、誤った情報を与えられてきたことによって、白人がレイシズムに加担していると指摘されることは、社会構造に対する歓迎されない侮辱と映るのだ。

しかし、もしレイシズムという構造に自分が社会化されてしまっていることが理解できれば、人種について問題になるような自分の行動パターンに対する意見を受け止めることができて、学習と成長に役立てられるだろう。人種に関する自分の言動が問題含みだと指摘されるのは、白人が社会的に最も恐れることの一つである。だれかにそう指摘されると、感謝と安堵（「もう繰り返さないように、教えてもらえてよかった」）ではなく、怒りや否定で応じることがよくあるのだ。レイシズムは避けられないことで、人種をめぐる思い込みや行動から完全には逃れられないことを私たちが受け入れなくては、一時的につらくても、こうした体験を価値あるものにはできないだろう。

　本書で述べるような行動をとる白人は、レイシストとは見なされていないだろう。実際、多くの白人はきっと人種に関してリベラルだと思われているだろうし、自分でも、レイシズムに加担などしていないと猛烈に否定するだろう。それでも、そうした反応は白人の心の脆さの表れであり、レイシズムを揺るぎないものにしているのだ。自分には偏見がないからレイシストではないと言う白人の反応が、非白人が耐え忍んできた日常的な苛立ちと屈辱を駆り立てている。たとえよい意図があるとしても、私たちリベラルな白人は、非白人の人生をひどく困難にしている。私はそうした白人に向けてこの本を書いている。リベラルな白人こそが非白人に日常的に最も深刻な危害を加えていると私は信じている。私の定義するリベラルな白人とは、自分を全く、あるいはそれほど人種差別的ではないと思っている人や、「彼らの仲間だ」、もう「わかっている」と考えている人のことだ。リベラルな白人は、非白人にとって最もやっかいなのだ。なぜなら彼らは、自分はすでに境地に達したと思っていて、周囲からもそう見られるために力を注ぐからだ。そのエネルギーは、生涯通して行うべきこと、すなわち自己認識と学習を続け、人間関係を構築し、反レイシズムの行動を実際に起こすことへは向けられない。レイシズムを持続させたり差別をしたりしているのは、実際、リベラルな白人だ。それなのに自己防衛と自己確信のせいで、なぜなのかがほとんど自分では理解できなくなっているのだ。

レイシズムはアメリカ合衆国という国ができて以来ずっと続いている最も複雑な社会的ジレンマの一つだ。第Ⅱ章で述べるように、人種が生物学的な区分ではないことはわかっているが、社会構造としての人種には深い意味があり、それが私たちの生活のすべての面を形作っている。[1] 人種は、赤ん坊が無事に生まれるか、どこに住むか、どんな学校に行くか、どんな友人や伴侶を得るか、仕事や給料はどうか、そして、健康状態や寿命にさえも影響を与える。[2] 本書はレイシズムを解決しようとするものではないし、レイシズムが存在することを証明しようとするものでもない。しかし、私はレイシズムが存在することを前提として書き進めていく。本書の目的は、白人の感性の一面によっていかにしてレイシズムが維持されつづけているのか、つまり、白人の心の脆さを目に見えるようにすることである。

白人の心の脆さという現象を説明し、私たちはどのようにしてそれを身につけてきたのか、それがどのように人種不平等を保持する役目を果たしてきたのか、そして私たちには何ができるのかを解き明かしていく。

I　レイシズムについて白人と話すのはなぜ困難か

白人は自分を人種と見なさない

私はアメリカ合衆国で育った白人のアメリカ人だ。私は白人としての行動や思考の基準・原則と世界観を持ち、社会を白人として体験している。しかしこれは普遍的な人類の体験ではない。人種偏見の強い、分断と不平等が深刻な社会における、特に白人としての体験なのだ。しかし、アメリカで育った多くの白人と同じように、私は自分を人種という観点から見ることを教えられてこなかった。自分の人種に注目されないようにとか、自分の人種が問題にならないように行動するように、などとは習わなかったのだ。もちろん、人種が他のだれかにとっては重要な問題であることには気づかされていたが、人種が話題になっても、それは私の問題ではなく、あくまでも彼らの問題でしかなかった。しかしそれでも、自分を人種として捉え、その居心地の悪さに耐えたり、自分の人種が問題であるかのように（実際にそうなのだから）考える能力は、異人種間の関係を築くための重要な機能だ。白人の心の脆さ《ホワイト・フラジリティ》を誘発する共通の引き金となるのが、人種として見られることである。したがって人種に対するスタミナをつけるためには、まず最初の挑戦――自分の人種に名前をつけること――に向き合わなければならない。

私たちの意見は十分な知識に支えられていない

私はこれまで、レイシズムについて何ら意見を持たないという白人に会ったことがない。アメリカで育ったり、アメリカで長い年月を過ごしたりした人なら――あるいは西洋に植民地化された文化圏の人なら――レイシズムについての意見を必ず持っているものである。中でも白人は、レイシズムについて強い意見を持つ傾向がある。しかし、異なる人種間の関係性は非常に複雑だ。したがって、意識的で継続的に勉強し続けてこなかったのであれば、私たちの意見は十分な知識に支えられたものではないし、私たちは無知ですらあることを前向きに受け止めなくてはならないのだ。ところで、私はあなたのことを知りもしないのに、あなたはレイシズムについておそらく無知だろうなどとどうして言えるのか？ 私がそう断言できるのは、数百年続く最も複雑な社会力学に関して綿密な理解を必要とする情報を、主流のアメリカ文化が私たちに全く与えてこなかったからだ。

たとえば、非白人の視点や体験をまるでわかっていなくても、非白人とのかかわりが全くなくても、人種というトピックについて批判的に考える能力が皆無でも、アメリカでは、大小を問わずどんな団体の指導者にでもなれる資格があると見なされている。レイシズムについて議論をしたことがなくても、大学院やロースクールを卒業することができる。レイシズムについて一切語らなくても、教職プログラムをこなすことだってできるだろう。リベラルだと言われる学部に入っても、「多様性《ダイバーシティ》」についての必須科目一つだけをとれば十分かもしれない。しかし、この多様性の授業を提供するために、何人かの教職員が何年もかけて――おそらく白人の同僚の大多数からの抵抗を乗り越えながら――闘わなくてはならないかもしれないし、今後も持続させるために闘い続けなくてはならないかもしれない。多様性の授業で、学生は「人種マイノリティ」である著者の本を読み、様々な非白人の男女の英雄たちについて学ぶかもしれないが、レイシズムについて議論を交わすとは限らない。

実際、人種についてオープンに、そして率直に話そうとすると、とたんに白人の心の脆さが表れ、沈黙、自己防衛、反論、自分は違うという確信、その他の押し返しが起こる。これらは自然な反応ではない。こうした反応こそ、私たちがもっと生産的にかかわるべき、人種に関する知識を妨げる社会的な力であり、人種ヒエラルキーを揺るぎなく強固にしているものなのだ。個人主義や実力主義というイデオロギー、メディアによって繰り返される非白人に対する狭い視点、学校や地域社会における人種隔離、白人性《ホワイトネス》を人間の理想像とする描写、ひどく省略された歴史、人種差別的なジョーク、警告、人種についてオープンに話すことのタブー化、白人同士の結束などといったものが、その社会的な力となっているのだ。

レイシズムの力を断ち切るための努力は、生涯絶え間なく続けるべき作業だ。私たちをレイシズムという枠組みに条件づける社会的な力が常に作用しているため、私たちの学びは終わることがない。それなのに、レイシズムとは不道徳な人間による意図的な人種上の差別行為であるというあまりにも簡略化された定義のせいで、白人たちは、自分は当事者ではなく人種について学ぶ必要などないという自信を抱いてしまうのだ。その証拠として供されるものは、全く信じがたいものばかりだ。たとえば、こんなことをだれかが言うのを聞いたことはないだろうか？「私はだれにでも同じように接するように教えられました」「互いを尊重することから始めなくてはなりません。家庭から始めましょう」。こうした発言は、ディスカッションや学習を続けることに終止符を打つものだ。さらにいえば、こういう発言は多くの非白人にとっては説得力のない、彼らの体験を無効にするものでしかない。白人の多くが、社会化のプロセスを全く理解できていないことについて次に述べよう。

私たち白人は社会化を理解できていない

白人と人種について話していると、まさに私の予想した通りの答えが返ってきて、まるで同じ台本のセリフを読んでいるような気がすることがある。私たちは共有する文化の中で演じる俳優だから、ある意味でそれは当たっている。白人の台本で顕著なのは、自分を客観的で特別だと思っていることだ。白人の心の脆さを理解するためには、私たちは完全には客観的にも特別にもなれないことを、まず理解するところから始めなくてはならない。社会化の威力というものを理解しなくてはならないのだ。

私たちは自分特有の文化のレンズを通して、認識や体験したことの意味を捉えているが、そのレンズは普遍的なものでも客観的なものでもない。そのレンズなしには、人の目はどんな人間社会でも機能することができない。しかし、特に西洋文化においては、こうした文化の枠組みについてじっくり考えることが困難だ。その原因は、個人主義と客観性という二つの西洋のイデオロギーにある。簡単に言えば、個人主義とは、たとえ同じ社会集団に属していても、一人ひとりがかけがえのない存在であり他者とは異なるという概念だ。また客観性は、あらゆる先入観から人は逃れられるということである。これらのイデオロギーによって、白人が自分の集団としての体験について探究することが非常に困難になっている。

個人主義とは、一人ひとりが特別な個人であり、人種や階級や性別といった集団の一員であることと各人に与えられる機会とは無関係であるという考えをつくり、伝え、広め、強化する筋書きである。個人主義は、個人の成功を妨げる本質的な障壁などは存在せず、失敗は社会構造が引き起こすものではなく、個人の特性によるものだと主張する。個人主義というイデオロギーにおいて人種は関係ない。もちろん、私たちには、はっきり異なった人種や性別や階級やその他の立ち位置があり、それらは不自然で無自覚かつ無作為な方法で、人生の機会の形成に多大な影響を与えている。機会は人種や階級や性別に同じように分配されてはいないのだ。たとえば、ビル・ゲイツの息子が凡人であっても優秀であっても、彼には生まれつき、生涯通して恩恵を受けられる好機が用意されていることは、ある程度理解できる。ゲイツの息子が労せずに特権を得たことが歴然としていても、私たちは自分が労せずに得た優位性について問われた際には、必死で個人主義のイデオロギーにしがみつくのだ。

社会集団など重要ではないし、だれもが平等なんだと抗議したとしても、主流文化の中で男性と定義される人と、女性と定義される人とでは明らかに体験が異なっている。老人か若者か、裕福か貧しいか、健常者か障害を持つ人か、同性愛者か異性愛者かなど、どのように見られるかによって違いが生じることもわかっている。こうした集団には大きな違いがあるが、それは私たちが信じるように教え込まれたような必然的なものではない。私たちは、こうした集団間には大きな違いがあり、それぞれの集団に課された社会的意味によって人生の体験の違いが作り出されると教えられてきた。そうした社会的意味を数えきれないほど多くの方法で、様々な人が、多種の媒体を通して伝えてきたのだ。幼児期以降、生涯を通じて受け続けたトレーニングは、多くの場合は非言語的で、自分と他者を観察したり比べたりすることによって培われたものである。

私たちはこうした集団に社会化されている。主流文化の中で、集団の意味や、なぜ集団によって体験が異なるのかについて、私たちはみな同じ情報を受け取っているのだ。さらには、ある集団より別の集団に属している方が「よい」と言われることも知っている。たとえば、老人より若者である方が、障害を持つより持たない方が、貧乏であるより裕福な方がいい、といったことである。私たちの周囲には避けられない共有の社会的側面があり、それを通じて、集団の持つ意味について私たちは理解していく。テレビ、映画、ニュース、歌詞、雑誌、教科書、学校、宗教、文学、物語、ジョーク、伝統と慣行、歴史といった社会的側面によって、集団としてのアイデンティティが形成されていくのだ。

私たちは必然的に、他人との比較によって自分を理解している。美しいという概念は、醜いという概念なしでは意味を持たないし、賢くないとか「バカだ」という考えがなければ、賢いという考えはあまり意味をなさない。価値がないという考えなしには、価値があるという意味は成り立たないだろう。同じように、人は他人を理解することによって、自分がよく理解できるようになるのだ。しかし、社会が個人主義を尊重するせいで、我々の多くは自分の属する集団についてうまく考えられなくなっている。今日の人種関係を理解するためには、条件づけに抗して、ある人種集団に属することが、なぜ、どのような意味を持つのかという問題に取り組むべきである。

自分を個人として捉えることに挑戦するだけでなく、集団としてのアイデンティティに取り組むことは、客観性という信念への挑戦ともなる。ある集団に明確に属しているとき、その人は人間として普遍的な視点で世界を見てはいない。あくまでもある特定の種類の人間として見ているのだ。このようにして、二つのイデオロギーは崩壊する。自分の人種枠《レイシャル・フレーム》について考えることは多くの白人にとって特に困難である。それは、人種という視点は偏見であると教えられてきたからだ。偏見などないと否定することで、偏見について検討したり、偏見を変える努力をしたりする必要などないと確信するのである。残念なことに、こうした信念が私たちの偏見を逆に守っている。これは、人種を通じた社会化について考える際に忘れてはならない重要点である。なぜなら、私たちが子どもに口頭で教えることと、それ以外のあらゆる方法で（私たちの文化の中で）人種としての規範に沿うように子どもたちを訓練していることには、大きなギャップがあるからだ。

多くの白人は、この本のタイトルにすら抵抗を感じるだろう。それは私が、個人主義という基本的なルールを破って、一般化しようとしているからだ。白人だというだけで、あなたのことがわかっている、というふうに話を進めているからだ。今あなたは、自分が他の白人と違う理由をあれこれ考えているかもしれない。あなたがどのようにしてこの国に来たのか、どんな人たちと仲がいいのか、どういう地域で育ったのか、どんな困難を味わい経験をしてきたのかといったことを私に伝えさえすれば、あなたが他者とは違うこと、あなたはレイシストなどではないことに私が気づくのではないかと思っているかもしれない。このような反射的な行動を、私は仕事の場で数えきれないほど見てきた。

例を挙げよう。最近、二〇〇人ほどの社員の前で講演をしたことがある。この会社には非白人が五人しかいなくて、五人のうち、アフリカ系アメリカ人はたった二人だけだった。私は何度も繰り返して、白人が人種に対する謙虚さを持つべきこと、そして社会力学は避けようがなく、レイシズムから自分を除外することなどできないことの重要性について述べた。講演が終わると、白人が表面的には質問をするために列をなした。しかし実際には、講演会場にやってきたときと何も変わらない、人種に関する自分の意見を私に伝えるために並んでいたのだ。列の一番前にいた白人男性は、自分はイタリア系アメリカ人で、かつてイタリア人は黒人と同様に考えられて差別を受けていたと説明し、「だから白人だってレイシズムを経験しているとは思わないか」と私に問うた。圧倒的に白人の多い会場の中で、自分だけは白人性について考える必要がない、なぜならイタリア人もかつて差別を受けていたからだと言うのだ。これは実によく見られる個人主義の例である。しかしむしろ、イタリア系アメリカ人がどのようにして白人となったのか、そして同化したことによって、彼の今の白人男性としての経験がどう形成されたのかについて考える方が、（彼の今の世界観を守ることより、広がりのある）より有益なかかわり方ではないだろうか。彼の主張は、人種に関して自分が他の白人と違うと例証することにはならない。この本を読んでいる読者の中にも同じように、自分だけは例外だと主張をする人が多いことも予測できる。なぜなら私たちは自分の文化の産物であり、そこからは離れられないからだ。

　私は社会学者として一般化することに不安はない。社会生活はパターン化されていて、測ることができる予測可能なものである。しかし、私たちの文化で個人主義というイデオロギーが大事にされていることを考えると、一般化されることによって、白人の中に自己防衛反応が巻き起こるだろうということも理解できる。もちろん例外もあるだろう。しかし、予測可能なパターン化された反応が何度も繰り返され、あまりにも的中することが多いのだ。現代におけるレイシズムの形態を理解するためには、集団行動とそれが個人にもたらす影響について考察しなくてはならない。私は読者が、エビデンスを頭から拒絶するのではなく、自分の状況についての考え方を調整しながら読んでほしいと願っている。たとえば、あなたは貧しい生い立ちかもしれない。ヨーロッパから来たアシュケナージ系ユダヤ人かもしれない。軍属の家庭に育ったかもしれない。カナダやハワイやドイツで育ったかもしれない。家族や親戚に非白人がいるかもしれない。しかし、こうした状況によって、あなたがレイシズムの問題から免除されることはない。なぜなら、どんな社会的側面もその影響力とかかわりがあるからだ。

自分は人とは違うから、深く考える必要はないと思うより、こう自分に問いかける方が有益なアプローチではないだろうか。「私は白人で○○という経験をしてきた。白人でもあると同時に○○を体験したことが私をどう形成してきただろうか?」と。自分が他者と違うという感覚を除外できることは、自分の住む社会を大きな目で見ることを可能にしてくれる批判的な能力だ。それは個人主義では不可能だ。とりあえず、あなた個人の物語を忘れて、大きな共有文化に属する一員として、自分が受け取ってきた集団としてのメッセージに取り組んでみてほしい。そうしたメッセージがあなたをどのように形作ってきたのかを見つめる努力をしよう。自分の物語を言い訳にして、メッセージから逃れようとするのではなくて。

私たちはレイシズムを単純化しすぎている

私の最後の挑戦は「レイシスト」の定義についてだ。公民権運動以後、私たちはレイシストとは人種の違いによって意図的に嫌悪感を持つ意地の悪い人間だと教えられてきた。レイシズムは道徳に反していると。したがって、私が読者の皆さんをレイシストだと呼んだり、さらに言えば、あらゆる白人はレイシストだと言ったとしたら、それは途方もなく侮辱的なことだろう。ずばり読者の品性を疑っているのだから。読者のことを知りもせずに、どうしてそんな主張ができるのだろうか？　友人や大切な人が非白人だという多くの読者を、なぜ差別主義者などと呼べるのだろうか？　実際、人種によって人を一般化すること自体が人種差別的なのだから、私自身もレイシストだと言えるのではないか！　誤解のないように言おう。あなたのレイシストの定義が、特定の人種の人たちを意図的に嫌悪するというものだとしたら、あなたのことを知りもせずにレイシスト呼ばわりしたことは無礼だったと認めよう。そうした定義に基づいてあなたがレイシズムに反対しているのであれば、あなたがレイシストでないことにも同意する。でも、聞いてほしい。私のレイシズムの定義はあなたの定義とは異なっているし、あなたの品性を疑っているわけでもない。私の論点を拒まずに読み続けてくれれば、きっとすぐに意味がわかってもらえるだろう。

ここまで挙げてきた課題によって、もうすでに白人の読者は不快感を持っていることだろう。その不快感こそが、人種をめぐる現状を揺るがす兆候になるかもしれないし、そうすることが私の目的でもある。人種をめぐる現状は白人にとって快適なものだ。居心地のよさに胡坐《あぐら》をかいたままでは、白人は人種関係を改善しようとはしないだろう。前進のカギは、この不快感をどうするかなのだ。そんなことを言うやつが悪いんだ、そんなメッセージは無視すればいいと、逃げてしまうこともできる。でも、自分に向かって問いかけることもできる。「なぜ自分は動揺しているのだろうか？」「それが本当なら、自分にとってどんな意味があるのか？」「異なるレンズを通して見れば、異なる人種間の力関係への理解が変わるかもしれない」「今感じていることの不安さが、これまで考えなかった思い込みを明らかにしてくれるのだろうか?」「白人であるがために気づかなかった人種間の力関係とは何だろう?」「その可能性について考えてみようか?」「考えたくないとしたら、なぜだろう?」

これを読んでいるあなたが、自分は他の白人とどう違うのか、ここに書かれたことがなぜどれも自分には当てはまらないのか、ということについて正当な理由を挙げて主張しようとするのなら、ちょっと立ち止まって考えてほしい。もう一度、上の質問を読み直してほしいのだ。白人の心の脆さに立ち向かうために必要なのは、知らずにいることへの違和感、人種から自由でいられることへの違和感、そして人種に対する謙虚さを持ち続ける力を培うことなのだ。その次のタスクは、人種を通じた社会化の力が常にどのように進行しているかを理解することだ。それが認識できなければ、白人の心の脆さを拒絶して防衛的にならざるを得ないだろう。人種に対するスタミナをつけ白人の心の脆さに対峙するためには、私たちのアイデンティティの全体像について、特に人種集団としてのアイデンティティについて考えるべきなのだ。それは、まず白人であることの意味に取り組むことである。

II　レイシズムと白人至上主義

私たちの多くは、人種には生物学的にも遺伝学的にもはっきりした違いがあると信じ込まされてきた。生物学的な違いとは、皮膚の色や髪質や目の形などの目に見える違い、そして、私たちが見えると信じているセクシュアリティや、運動能力や数学の能力といったものだ。人種を生物学的な概念で捉えれば、社会の分裂の多くは自然なものだと考えやすくなるかもしれない。しかし人種はジェンダーと同じように、社会的に構築されたものなのだ。髪質や瞳の色といった目視できる違いは表面的で、地理的な適合性として現れたものだ[1]。皮膚の下には、本当の生物学的な人種など存在しない。人種を区別するために使われる外観の特質は、二人の人間の遺伝的な差異の指標としては、信頼性を欠いている[2]。

しかし、人種および人種間の差異が生物学的なものだという信念は深く根付いている。人種が生物学的に異なるという考えに挑戦するためにまず理解すべきなのは、社会的そして経済的な投資によって、科学が人種の区別に沿った社会とその資本を組織したこと、そして、それがいかに永続的な組織であるかということだ。

アメリカにおける人種をめぐる社会構造

自由と平等——宗教や階級を問わず——が、アメリカ合衆国建国の際の、急進的な新しい思想だった。しかしその当時アメリカ経済の基盤となっていたのは、アフリカ人の拉致と奴隷化、先住民の強制立ち退きと集団虐殺、そしてメキシコの領土の併合であった。さらに、入植者は、自国の文化の条件づけによってすでに深く内面化された、支配と服従のパターンを持ってアメリカへ移住してきたのだ[3]。

平等という崇高な理念と、集団虐殺や奴隷化や植民地化といった残酷な現実との間の緊張関係を調整する必要があったため、アメリカ合衆国第三代大統領トマス・ジェファソン(彼自身も何百人もの奴隷を所有していた)らは科学に目を向けた。ジェファソンは、異なる人種間に生まれつきの違いがあるのではないかと考え、その違いを見つけることを科学者に依頼した[4]。もし科学によって、黒人が生まれつき、そして本質的に劣っていると証明できれば、自分たちが公言している理想と実際の行為とは矛盾しないことになる(一方ジェファソンは先住民については文化的な欠陥があるだけで、この欠陥は改善できると考えていた)。もちろん、奴隷制と植民地化を正当化することは、莫大な経済的利益につながっていた。社会と経済の利益追求は人種にかかわる科学を利用して文化規範をつくり、レイシズムならびに白人と定義される人々の優位性を正当化する法的な支配をもたらしたのである。

アメリカの科学者たちはヨーロッパの科学者の研究を使って、英国系《アングロ》以外の集団の劣性を認める答えを探し始めた。科学者たちは、知識を正当化する証拠を見つけるために、このような質問の仕方を利用した。「黒人（や他の集団）は劣っているか?」ではなく、「なぜ、黒人や他の集団は劣っているのか?」と問うたのだ。そして一世紀ほどで、ジェファソンの提案した人種間の差異は、科学的「事実」として広く受け入れられるようになった。[5]

人種上の劣性という考えは、不平等な待遇を正当化するために作り出されたものであって、その信念が不平等な待遇を引き起こしたのではない。違いに対する恐れも同様だ。タナハシ・コーツ［アメリカの作家、ジャーナリスト］は「人種とはレイシズムの子どもであって、父ではない」[6]と述べている。はじめ白人は外見からではなく、資源のために搾取したとタナハシは言う。まず搾取が起き、それから、搾取を正当化するために人種不平等の観念がつくられたのだ。同じように、歴史研究家のイブラム・ケンディは全米図書賞を受賞した『はじめから烙印を押されて』（*Stamped from the Beginning*）でこう説明している。「奴隷制度、人種隔離、集団投獄から利益を得る者たちが、黒人は奴隷制度や人種隔離や投獄によって閉じ込めておくのが最も好都合とし、それに値する人種差別的な思想をつくったのだ。こうした思想を消費する人々は、多くの黒人を奴隷にしたり抑圧したり閉じ込めたりすることは誤りではない、なぜなら黒人の側に悪いところがあるからだ、と信じるように仕向けられてきた」[7]。さらにケンディは、たとえ我々が人間はみな平等だと真に信じているとしても、制度化された差別こそが条件の格差をもたらしている、と主張している。

人種の認知

人種とは社会的概念として進化したものであり、そもそも人種間の不平等を正当化して、白人の特権を守るために作り出されたものなのだ。一六〇〇年代終わり頃の植民地の法律に、初めて「白人《ホワイト》」という言葉が現れた。そして一七九〇年までには、人々は国勢調査で人種を問われるようになり、一八二五年までには、血の濃さによって、だれが先住民として分類されるのかが決められるようになった。そして、移民の波がアメリカに押し寄せた一九世紀末から二〇世紀初頭までの間に、白人という概念が固まったのである。[8]

一八六五年にアメリカの奴隷制度が廃止されてからも、白人性《ホワイトネス》は依然として重要視され、アフリカ系アメリカ人に対する合法的な人種排斥と暴力が新しい形で続いていった。市民権および市民に与えられる権利を得るためには、合法的に白人として分類されることが必要だった。白人以外の人種として分類された人々は、再分類を求めて裁判所に申し立てるようになったため、今度は裁判所が白人かどうかを決める立場に立たされた。たとえば、アルメニア人は、ある科学者が彼らは科学的に「白色人種」だと証言したことによって、白人として再分類された。一九二二年には、最高裁判所が、日本人は科学的に「蒙古人種《モンゴロイド》」に分類されるので、法的には白人ではないとの判決を下した。その一年後にはインド人が、科学的に彼らは「白色人種」と分類されているのにもかかわらず、白人ではないという判定を受けた。このような矛盾した判決を正当化するために、裁判所は、白人であるかどうかは、白人の共通の理解に基づいて決められると述べたのだ。言い換えれば、すでに白人として見られている人たちが、だれが白人なのかを決めることができたというわけである。[9]

人種のるつぼとしての合衆国という表現は、世界中から移民がやってきて同化し、統一された社会に溶け込むメタファーとなっていて、これは大切な概念だと言える。新しい移民が英語を学んで、アメリカの文化と習慣に順応すれば、アメリカ人になるのだ。しかし実際には、一九世紀と二〇世紀のアメリカの主流文化に溶け込むことを許されたのはヨーロッパ系の移民だけであった。彼らは民族的アイデンティティがどうであれ、白人と見なされたので主流社会に属すことができたのである。

人種は社会的な構築物であるため、だれを白人のカテゴリーに入れるかは時代によって変化してきた。私のワークショップに参加したイタリア系アメリカ人男性が言うように、過去には、アイルランド人、イタリア人、ポーランド人は除外されていた。しかし、もともとは出自の異なる集団とみなされていたものの、ヨーロッパ系の移民は同化を通じて人種上統一されたのである。[10]この同化のプロセス——英語を話し、「アメリカン」フードを食べ、異なる習慣を捨て去る——によって、アメリカ＝白人という認識が具体化したのだ。より大きな社会でどの人種と見なされるかが、アイデンティティの発達、すなわち自分をどう認識するかについての根本的な役割を果たしている。

「白人として見られれば」私たちは世間一般で白人として扱われる。しかし、たとえば南ヨーロッパがルーツのスペイン人やポルトガル人、または崩壊前のソビエト連邦の人で、特に最近移住してきた人や、移民の両親に育てられた人は、何世代も前からアメリカにいる同じ民族の人と比べても、より強い民族的アイデンティティを持ち続けているだろう。内面のアイデンティティが違っていても、白人として「通用するならば」、外側の体験は白人としてのものになるだろう。白人に見えれば、そのように自動的に見なされて、白人として扱われるのだ。すると、ポルトガル人やスペイン人といった内面の民族的アイデンティティと、外側の白人種としての体験との不一致によって、彼らは強い民族意識を持つ人と比べて複雑で微妙なアイデンティティの感覚を持つようになるのである。それでも彼らには白人としての地位と、それに付随する特権が与えられる。今日では、こうした特権は法律上のものではなく、実生活上のものでしかないが、それでも私たちの日常生活に大きな影響を与えている。白人と見なされる私たち一人ひとりが、こうした特権を丸ごと否定するのではなく、こうした特権によって自分がどのように形成されてきたかを認識するべきなのだ。

人種は社会的な権力が作り出したものなので、階級面にも人種が明らかに表れている。貧しい労働者階級の人々は、常に間違いなく白人と見なされるとは限らない[11]。白人に見えない人たちに与えられる機会がより少ない社会では、経済力と人種の力とを切り離すことはできない。貧しい労働者階級の白人は、次第に白人として完全に受け入れられるようになったが、それは労働力が搾取される手段でもあったのだ。貧しい白人が、自分よりも階級の低い人たちへの優越感を持つことに集中する限り、自分より上の階級には注目しないようになる。貧しい労働者階級が人種を超えて団結すれば強い力となるが、人種間の分断を通じて、労働から利益を得る資本家に対抗して団結することを阻止したのだ。[12] なお労働者階級の白人は階級差別を感じてはいたものの、レイシズムを味わうことはなかった。私自身も貧しい生い立ちで、貧しいことに何か深い屈辱感を持っていた。それでも自分が白人であることはいつもわかっていたし、白人の方がよいということも知っていた。

レイシズム

レイシズムを理解するには、まずそれを単なる偏見や差別といったものとは区別しなくてはならない。偏見とは、ある人をその属する社会集団に基づいて、前もって判断することである。偏見はステレオタイプや態度についての考えや感情であり、——ほとんど、あるいは全く知識がなくても——その集団全員に一般化した考えを当てはめることだ。同じ文化の中で同じメッセージを吸収してきた人は、同じ偏見を持ちやすいのである。

人はだれも偏見を持つことを避けられない。たとえば私がある社会集団の存在に気づいたときには、もうすでにその集団に関する情報を周囲の社会から得ているはずだ。そうした情報は、私が文化的な枠組みを使ってその集団を理解する際の助けとなっている。偏見など持っていないと主張する人は、自己認識が非常に欠如していることを示しているのに他ならないのだ。彼らは皮肉なことに、同時に社会化の威力をも実証している。私たちは皆、学校や映画を通して、そして家族や教師や宗教指導者から、偏見を持つべきではないと教えられてきたわけだ。しかし残念なことに、偏見が悪であるという信念が広まることによって、私たちは、偏見という避けられない現実を否定するようになったのだ。

偏見について知ることが、白人の心の脆《ホワイト・フラジリティ》さを理解する基本となる。なぜなら、白人は人種偏見があると言われると、自分が恥ずべき悪人だと言われていると思うからだ。すると、避けられないままの人種偏見を変えようと努力せずに、自分の品性を守ろうとする。このように、偏見をめぐる誤解が、偏見を守っているのだ。

差別とは、偏見に基づく行動である。無視、排除、脅し、嘲り、中傷、暴力といった行為だ。たとえば、偏見によって生じた嫌悪感が暴力のようなひどい差別的な行動を引き起こすかもしれない。こうした形の差別は大体はっきりしていて認識しやすいものだ。でも、それがたとえば軽い不快感のような微妙な感情なら、差別行為も不明瞭で見抜きにくくなる。多くの人は、ある集団のまわりにいると何らかの不安を――それがただ、自意識過剰なだけであっても――覚えることに気づくだろう。こうした感情は自然なものではない。私たちが不安を感じるのは、その集団から離れて暮らしていたり、同時にその人々に関する不完全な、あるいは誤った情報を吸収し続けているからである。偏見によって、居心地が悪かったり、その人たちとうまくかかわれなかったりといった行動の変化が起きると、それが差別となる。偏見が常に行動として表れるのは、人が自分の世界観に従って行動しているからなのだ。だれにも偏見はあるし、だれでも差別をする。前提となるその現実をくつがえそうとしても無意味なのだ。

ある人種集団が持つ集団的な偏見が、法的権威と制度的支配によって裏打ちされたとき、それはレイシズムとなる。そして集団の一人ひとりの意図や自己像からはるかにかけ離れた、独立して機能する制度となってしまう。ウェスリアン大学のアメリカ研究と考古学の教授J・ケハラニ・カウアヌイは、「レイシズムとは出来事ではなく、構造だ」[13]と言っている。アメリカの女性による選挙権獲得の闘いをみると、偏見と差別がいかに制度の力によって、抑圧の構造へと変わっていったかがわかる。偏見と差別はだれにもあるものだが、抑圧の構造は個人レベルをはるかに超えたものだ。女性が個人的に男性から偏見や差別を受けていても、女性が集団として男性の公民権を否定することはできない。しかし、男性は集団として、女性の公民権を否定することができたし、実際にそうしてきた。それができたのは、男性がすべての制度を支配していたからだ。したがって、女性が選挙権を獲得することができた唯一の方法は、男性がそれを許したことであって、女性自身が自分に対して選挙権を許すことはできなかったのだ。

性差別やその他の抑圧と同じように、レイシズムも、法的権威と制度的支配が人種集団に対する偏見を裏づけたときに起きる。この権威と支配が、個人の偏見を、もはや個人の善意とは関係のない、手の届かない制度にまで変化させてしまう。そしてそれは社会のデフォルトとなり、自動的に繰り返されるようになるのだ。レイシズムは制度だ。女性の選挙権について検証するとき、人種と性別の交差について述べなくては、片手落ちだろう。白人男性が女性に選挙権を与えたが、それは白人の女性に対してだけであった。非白人の女性は一九六五年に投票権法によって保障されるまでは、全面的な投票権を得られなかったのだ。

レイシズムという制度は、社会全体で強化された大がかりなイデオロギーから始まる。私たちは生まれたときから、その思想を受け入れ、疑わないように条件づけされている。イデオロギーは社会のあらゆる面、たとえば、学校や教科書、政治演説、映画、広告、祭日、言葉やフレーズを通じて強化される。さらに、そのイデオロギーを疑問視した人に与えられる社会的制裁や、それに代わる思想がほとんど用意されていないことによっても、強められているのだ。イデオロギーという枠組みを通して、私たちは社会的な存在を表し、解釈し、理解し、納得するように教えられてきた。[14] こうした思想が常に強化されることによって、不信感を持ったり内面化を避けたりすることが非常に困難になるのだ。アメリカのイデオロギーには、個人主義、経済システムとしての資本主義の優位性、政治システムとしての民主主義、好ましいライフスタイルとしての大量消費主義、それに（だれでも一生懸命働けば成功できるという）能力主義などがある。

アメリカに広まった人種をめぐるイデオロギーは、人種ヒエラルキーを遺伝あるいは個人の努力や才能から生じた自然的秩序がもたらしたものだと理屈づけている。成功しない者はただ単に、生まれつき能力がないか、相応しくないか、努力が足りないかだと言うのだ。レイシズムが不平等の制度であることを曖昧にしてしまうイデオロギーこそ、おそらくは人種をめぐる最も強力な圧力である。なぜなら、いったん私たちが人種ヒエラルキーにおける自分の立ち位置を受け入れれば、たとえそれが不利な立場であっても、それが自然で疑いのないものに見えてくるからである。このように、人々をそれぞれの立場に留め置くには外からの力はほとんど必要ではない。不平等の正当化が内面化されてしまえば、どちらの立場の人も、その関係を支持するようになるのだ。

レイシズムは私たちの社会の仕組みに深く組み込まれている。それは個々の行為や個人に限られない。また、日によって（あるいは時代によってさえも）白人が得をして、別の日には非白人が得をするというように、移り変わるものでもない。白人と非白人の力関係の向きは、歴史と伝統で支えられ、イデオロギーによって規範化されたものなのだ。レイシズムとは、歴史上積み上げられてきたもので、制度的な権力と権威を使って偏見を支持し広範囲にわたる差別的な行動を組織的に強化してきた点において、個人による人種偏見や人種差別とは異なっている。

非白人も白人に対して偏見を持ったり差別をしたりするかもしれないが、そこには、その偏見や差別をレイシズムにまで変えてしまうような社会的で制度的な力は存在しない。白人に対する偏見のインパクトは一時的で、特定の状況に限られたものだ。白人は人種偏見を、社会の法律や政治や慣行や規範にまで注入できる社会的、制度的立場を有している一方、非白人にはそれがない。非白人の店員が私への応対を拒否することはできても、非白人が、私や私のような白人が特定の地域で家を購入するのを阻止する法案を通過させることはできない。

また非白人が、自分自身の人種や、他の非白人に対して偏見を持ったり差別をしたりすることはあるかもしれないが、究極的にはその偏見に足を引っ張られることとなり、白人に利益をもたらすレイシズムの制度を強めることになってしまうのだ。レイシズムとは、集団レベルで起こる社会全体の力関係なのである。私が、白人だけがレイシストだと言うのは、アメリカ合衆国では白人だけが非白人をしのぐ集団的で社会的、制度的な力と特権を持っている、という意味である。非白人は白人を超える力や特権を有していないのだ。

多くの白人はレイシズムが過去のものだと思っているが、現代にもレイシズムがあると認めないことによって、当然ながら恩恵を受けている。白人と非白人の間の人種上の格差は社会のあらゆる制度の中に存在し続けており、減少するより、むしろ増大していることも多い。人種隔離によってこうした格差は白人にとって見えにくく、認めにくいものかもしれない。しかし、生活全般の質に与える人種間の格差と影響は、様々な機関で大々的に記録されてきた。そうした機関には、アメリカ国勢調査局、国連、UCLA〔カリフォルニア大学ロサンゼルス校〕の公民権プロジェクトと大都市プロジェクトのような教育機関、NAACP〔National Association for the Advancement of Colored People 全米黒人地位向上協会〕、名誉毀損防止同盟〔Anti-Defamation League ユダヤ人に対する誹謗反対連盟〕といった非営利団体がある。[15]

研究者のマリリン・フライ〔アメリカの哲学者でフェミニズム理論家〕は、絡み合った抑圧について鳥かごにたとえつつ説明している。[16] もしあなたが鳥かごの近くに立って顔を金網に押しつければ、柵が見えなくなって鳥の姿がほとんどそのまま見えるだろう。もし、顔を動かして金網の一本だけに注目すれば、他の金網は見えなくなるだろう。このように鳥かごを近視眼的に見れば、なぜ鳥がたった一本の金網をよけて飛んで逃げないかが、理解できないかもしれない。鳥がかごの中にいることが好きで、選んでそこにいるのかもしれないと、思い込んでしまうかもしれないのだ。

しかし、後ろに下がって広い視野で見れば、金網がまとまって絡み合っているパターンが見え始めるだろう。鳥を厳重にそこに閉じ込めているパターンが目に入るようになるのだ。すると、系統立って組み合わされた金網が鳥を囲んでいるのがはっきりわかる。一本ずつの金網なら抜け出すのはさほど難しくないだろう。しかし、金網が互いに絡み合っているため、鳥は完全に束縛されている。かごから逃げ出す鳥もいるが、ほとんどの鳥は逃げないだろう。そして逃げた鳥は、野生の鳥にはない多くの障害を乗り越えていかなくてはならない。

　この鳥かごのメタファーによって、なぜレイシズムがこれほど見えにくく認識できないかが理解できる。私たちの視野は狭いのだ。かごがどのくらい見えるかは、鳥と自分の位置によって決まる。それに気づかなければ、たった一つの状況や例外、裏づけに乏しい証拠を通してしか理解できなくなる。より大きな絡み合ったパターンを見て理解することができなくなるのだ。常に例外はあっても、このパターンは終始一貫して記録されてきたものだ。すなわち非白人は、偶然でも時折でもなく、回避することのできない力と柵によって閉じ込められ、形作られている。こうした力は互いに組織的に連関し合って、非白人の行動を制限しているのだ。

　個人としての白人はレイシズムに「反対」かもしれないが、依然として白人集団に特権を与える制度上の恩恵を受けている。デヴィッド・ウェルマン〔一九七七年刊 *Portraits of White Racism* の著者〕は、レイシズムを「人種に基づく特権構造」と簡潔に呼んでいる。[17] 白人特権と呼ばれる特権は、（政府、コミュニティ、職場、学校などの）同じ環境において、非白人には享受できないが、白人なら当然のこととして受け取っている権限だ。[18] 誤解のないように言っておこう。レイシズムが白人に特権を与えていると言っても、個々の白人が苦労をしたり障壁に直面したりすることがないと言っているわけではない。白人が特定のレイシズムの壁に向き合うことはないと言っているだけなのだ。

偏見と差別に関して言えば、レイシズムのどんな論争もこの存在をくつがえすことはできない。レイシズムが、制度化された権力として歴史的な構造に深く根ざしたものだからだ。少数の非白人が抜きん出て成功を収めたからといって、レイシズムは流動的でもなければ、風向きが変わることもない。

地位としての白人

白人として認識されることとは、単に人種によって分類されることではない。それは社会的、制度的な地位とアイデンティティを意味し、他者にはない法的、政治的、経済的、社会的な権利と特権を与えられることだ。白人に分類されることによる社会的、経済的な特権について、批判的人種理論の研究者シェリル・ハリスは「資産としての白人性《ホワイトネス・アズ・プロパティ》」という言葉をつくった。法律の歴史における白人性という概念の進化をたどりながら、ハリスはこう述べている。

白人性を実際の法律上の身分としたことによって、アイデンティティの一面が資産という外的な物に変化し、特権を持つアイデンティティが利益の既得権へと変わっていった。白人性という法的構造によって、(だれが白人かという)アイデンティティ、(その身分によってどのような利益が法的に生じるかという)特権、そして(その身分からどのような法的な資格が生じるかという)資産などに関する批判的な側面が定義され、確認された。様々な時代において白人性は、アイデンティティや地位や資産について、あるときはその一つだけを、あるときはそれらを同時に表し、展開してきた。[19]

ハリスの分析が有効なのは、それが、アイデンティティおよびその認識によって、資産を与えられることが許されるか否かを説明しているからだ。ここで言う資産とは、自尊心、認知度、前向きな期待、人種上の制限を受けなくてもよいという心理的な自由、移動の自由、帰属意識、そしてそれらすべてを得る資格があると意識することを指している。

私たちの考える白人性とは白人であることのすべての面を意味し、それは単なる身体的な違いを超えるものであり、社会で白人と定義されることの意味とその結果がもたらす物質的な特権にかかわるものだろう。すなわち、白人性によって、何がどのように授けられるかが問題なのだ。レイシズムが非白人をどう傷つけているかという典型的な問いに注目することなしに、白人性について検証するためには、レイシズムがどのように白人の地位を引き上げてきたかに焦点を合わせなくてはならない。

白人性とは、白人が人間として標準であってスタンダードであって、非白人は標準から逸脱しているという大前提にもたれかかっている。白人は白人性を認識していない。そして白人の基準は普遍的で、だれにでも押しつけることができるものだと思い込んでいる。白人は白人性が、人生や考え方に影響を与えるような身体的状況だとは、なかなか思えないのだ。

W・E・B・デュボイス［一八六八〜一九六三、アフリカ系アメリカ人の社会学者、公民権運動家］やジェームズ・ボールドウィン［一九二四〜一九八七、アメリカの作家、公民権運動家〕といった非白人の作家は、何百年ではないとしても、何十年にもわたって白人性について書いてきた。彼らは白人が自分自身に目を向け、人種間の分断が深刻な社会で白人であることの意味について考えるよう促してきた。たとえば、一九四六年にフランスのある記者が、国を捨てた小説家リチャード・ライト〔一九〇八～一九六〇、アメリカの黒人文学の先駆者〕に、アメリカの〝ニグロ問題〟に関する意見を求めたとき、ライトはこう答えた。「ニグロの問題などない。白人の問題があるだけだ[20]」

ライトが指摘したように、非白人へのレイシズムは他と無関係に作動するわけではない。アメリカのレイシズムは白人の歴史とは関係ないという考え方は、「黒人の歴史を学ぶ月間《ブラック・ヒストリー・マンス》」のような行事によって、さらに強化される。これは南北戦争や公民権運動の時代について、あたかもそれがアメリカの歴史とは関係ないものであるかのように学ぶ月間なのだ。肌の色にかかわるこうした行事は、通常まるで白人と無関係かのように行われている。さらに、黒人の英雄伝に見られるように、非白人の功績が、社会全体の文脈から切り離され、社会と関係ないように扱われることもあるのだ。

黒人野球選手ジャッキー・ロビンソンの物語は、白人や白人の特権や人種制度を表に出さないことによって、白人性がレイシズムを曖昧にしてしまった典型的な例と言える。ロビンソンは、人種の壁を乗り越えてメジャーリーグでプレイした初めてのアフリカ系アメリカ人としてよく讃えられる。ロビンソンは実際、極めて優れた野球選手であったが、この物語は彼を人種をめぐる例外として、人種の壁を乗り越えた黒人として描いている。その背後にあるのは、ロビンソンには、初めて白人と一緒にプレイできる資質があったという物語で、まるでそれ以前の黒人選手は弱すぎて白人のレベルで競うことができなかったと言わんばかりなのだ。では、物語のタイトルが「メジャーリーグでプレイすることを白人が初めて許した初めての黒人選手ジャッキー・ロビンソン」であったらどうだろう？　このバージョンからは、ロビンソンがいかに優れた選手であっても、制度を支配している白人が許さなかったらメジャーリーグでのプレイなどできず、批判的な区別がはっきりと示されることだろう。もし白人の球団オーナーや規定をつくる白人たちの許可を得ずに、ロビンソンがフィールドへ足を踏み入れたなら、警察に立ち退かされたことだろう。

誰々が人種として例外的だという物語は、個人主義と能力主義のイデオロギーを強化しつつ、白人支配の制度が持続している現実をぼかしてしまう。さらに、アフリカ系アメリカ人の選手に野球というフィールドが開かれるようにと味方になって苦心した白人たちの存在をも曖昧にしてしまい、白人にとっても裏目になる。そうした仲間たちは、他の白人のお手本として絶対的に必要であるのに（ただし、野球の人種差別待遇廃止については、味方の白人たちにとって経済的なメリットがあったことも忘れてはならない）。

私は、「黒人の歴史を学ぶ月間」に反対しているわけではない。ただ白人性を強化しないやり方で祝うべきである。「白人の歴史を学ぶ月間」はなぜないのか？　その答えは白人性がどう機能しているかを表している。白人の歴史は承認される必要がないのだ。そのこと自体が白人の歴史を示している。白人の歴史が規範なのだ。一方、黒人史や女性史を語る権利が必要なのは、それらが規範と見なされていないからに他ならない。

白人性研究の先駆者として知られる白人の学者、ルース・フランケンバーグは、白人性には多面性があると説明している。それらは、構造的な特権の付与、白人が自分や他者や社会を見る観点、名前をつけたり認識したりする必要のない文化的慣習などである。[21] 白人性が構造的な特権の付与だというのは、社会と社会制度の中において白人であることが特権のある立場だと認識することを意味している。白人は身内と見なされ、そこに属する者として利益を与えられるのだ。この付与によって、白人は自動的に過分な特権を与えられる。白人は主要な社会制度のすべてを支配し、他者が従うべき方針や慣習を決める。コリン・パウエル〔アフリカ系の元国務長官〕、クラレンス・トーマス〔アフリカ系のアメリカ最高裁判所の陪席判事〕、マルコ・ルビオ〔ヒスパニックの上院議員。両親はキューバからの移民〕、バラク・オバマ第四四代大統領のように、まれに非白人の個人が権力サークルの内側に入れることもあるが、彼らは現状を維持するだけで、白人に脅威を与えるほどレイシズムに立ち向かうことはしない。権力の地位を得た著名人になったからといって、レイシズムを体験しなかったわけではないが（実際に、オバマ大統領はこれまでに類を見ない侮辱や抵抗に耐えなくてはならなかった）、現状は維持されたままだった。

白人性が立脚点だというのは、白人のアイデンティティの重要な要素として、自分が個人として見られるということでもある。人種にかかわりなく「普通の人間」として、人種枠《レイシャル・フレーム》の外で自分を個人として見ることができるのだ。この立脚点は、白人と白人の利益を人類の中核であり代表であるものとして示している。また白人は、個人主義や能力主義のような、社会で卓越する物語を作り出して強化し、他の人種集団の立場にもそれを当てはめて説明しようとする。こうした物語によって、私たちは社会制度の中で自分の成功を祝い、成功できない者を非難することができるのである。

白人性には白人自身が気づくことのない文化的な一連の慣習が含まれている。これが示しているのはレイシズムが、常に白人には特権が、そして非白人には不利が与えられるような一連の規範や行動であることを理解するということだ。その規範や行動に含まれるのが基本的な人権と、疑わしきは罰せずの原則である。これらは、すべての人に与えられると言いつつも、実際には白人だけに一貫して与えられてきたものだ。白人に利益をもたらすレイシズムの様相は通常、白人には見えない。私たち白人は、人種の意味とそれが生活に与える影響について気づかないし、認識しようともしない。したがって白人の特権に気づいたり認めたりすることができないし、白人の特権をつくって持続させる規範も受け入れられないのだ。白人性を指摘されたり、その意味や不当な既得権を示唆されることさえも、白人を当惑させ不安定な気持ちにさせる。すると白人の心の脆さを呈する防衛反応が引き起こされるのである。

白人至上主義

一九五〇年代から六〇年代の公民権運動の時代、写真やニュース映像に映っていたのは、食堂で黒人を殴ったり、黒人の教会を爆破したり、幼いルビー・ブリッジスちゃんに向かって叫んだりしている人の姿だった。私たちはそういう人が白人至上主義者なのだと思っただろう。ルビー・ブリッジスちゃんは、一九六〇年ルイジアナ州の白人だけの小学校〔連邦裁の命令により人種統合が決定された学校〕に転入させられた初めてのアフリカ系アメリカ人の子どもだった。近年なら、「オルトライト」と自称する白人ナショナリストが、南部連合の戦争記念像撤去に反対して、たいまつを手に「血と土！」と叫びながらヴァージニア州を行進している姿を思い浮かべるかもしれない。大部分の白人はこうした白人至上主義に共鳴することはないし、広い意味での白人至上主義という言葉に対しても強い不快感を示すだろう。しかし、社会学者や現在の人種をめぐる社会正義のための運動にかかわる人々は、白人至上主義という言葉を描写的で有益な用語として使っている。白人と定義されたり、そう見なされる人々に与えられた全般的な重要性と、当然にも想定される優越性、そしてその想定に基づく実践などを説明するのに役立つ用語なのだ。この文脈での白人至上主義とは、個々の白人と個々の意図や行動を指すものではなく、政治、経済、社会面での包括的な支配構造を示すものだ。前にも述べたように、レイシズムとは構造であり、個々の出来事ではない。白人の優越性を公然と宣言するヘイト集団は確かに存在し、白人至上主義という言葉は彼らにも当てはまる。白人至上主義をこうした過激な集団だけと結びつけるのが、一般的な意識であろう。しかし、この単純化された定義が、全体的な制度の現実を曖昧にして、この制度に取り組むための弊害となっているのだ。

　他の文化にもレイシズムは見られ、どの人種集団が優越していると思うかはそれぞれの思想に基づいているだろう。しかしアメリカは世界のグローバルパワーなので、映画やマスメディア、企業文化、広告、アメリカ所有の製造業、軍隊、植民地支配の歴史、布教活動やその他の方法を通じて、白人至上主義を世界中に流布している。この強力なイデオロギーは、白人性が人間の理想形であることを西洋以外の国々にまで広めている。白人至上主義は、西洋国家の植民地だったことのある国々で特に顕著なのだ。

チャールズ・W・ミルズは著書『人種契約』（*The Racial Contract*）で、人種契約とはヨーロッパ系の人々の間で交わされる、時に暗黙の、時に明白な契約であり、世界中の他の民族と比べた白人の優越性を理想として主張し、促進し、維持するものだと述べている。この契約はすべての社会契約を保証する、意図的で不可欠な性格を持つものだ。白人至上主義は、世界中にヨーロッパ支配の構造をつくった。そして白人と非白人、完全な人間とそれ以下の人間という存在を作り出したのだ。この契約が白人の道徳論理と倫理心理学とに影響を与え、思想的な条件づけと暴力によって、それらを非白人に押しつけた。ミルズはこう述べている。「人種差別的な「例外」として通常受け止められるものが……実は規則であって……「人種平等」という「規則」として捉えられていることが、実は例外だったのだ」[22]

ミルズは白人至上主義を「近代社会の今日を形作った、名を隠した政治制度」と説明している。[23]もう何百年にもわたって、白人至上主義は西洋の政治観をつくってきたが、決してそれが明示されることはなかったとミルズは述べている。社会主義、資本主義、ファシズムなどが認識され研究されたのに対して、白人至上主義は姿を現すことがなかった。実際、白人至上主義の力の多くは不可視であることによって得られたもので、それは他のすべての政治的、社会的契約を保証している当然の不可視性なのだ。

ミルズは白人の心の脆さを理解するために必要なことを二つ挙げている。まず、白人至上主義が決して認識されなかったこと。それから、どんな社会政治制度も、その制度と人種のかかわりを調べずには研究できないということだ。認識されない白人至上主義は研究から逃れ、守られていくのだ。

タナハシ・コーツは「賠償請求訴訟」（"The Case of Reparations"）というエッセイで同様のことを述べている。

> 世界最古の共和国の一つが白人至上主義を基盤にして建てられたという事実を無視し、白人と黒人の二重社会の問題が無秩序な資本主義と同様の問題であるふりをすることは、国家による強奪の罪を、国家的な嘘という罪で上塗りするのに等しい。それは、アメリカの貧困を減らすことと白人至上主義を終わらせることとは同じではないという事実を無視する嘘である。……白人至上主義とは、熱狂的な扇動家《デマゴーグ》や誤った意識の問題ではない。白人至上主義の力は、アメリカではあまりにも根源的な力であるために、それが存在しないアメリカなど想像がつかないほどなのだ。[24]

白人至上主義の歴史的ならびに持続する現実の観点から見れば、最も基本的な差別を改善する意図でつくられたプログラムが、むしろ白人に対する「逆」差別になるという苦情は、つまらない妄想でしかない。ミルズはこう集約している。

世界と特定の国々、そして白人やヨーロッパ人やその子孫たちは、「人種契約」から恩恵を受け続けている。それによって自分の文化イメージによる世界や、白人の利益を差別的に支援する政治国家や、他の人種の搾取によって構築された経済や、倫理的な心理を作り出し……白人に特権を与えるために意識的にあるいは無意識的に歪曲し、人種によって資格が異なる現状を正当な規範と見なし、それ以上調査しようとはしないのだ。[25]

白人と定義される人や白人として認識される人が恩恵を受ける、人種上のカテゴリーを基盤にした支配の社会政治学的な経済制度を、人種学者たちは、白人至上主義という言葉を使って説明している。この構造的な力の制度が、白人という集団に特権を与え、力を集中させ、地位を向上させている。たとえば私たちの制度を支配する人種の割合を示した二〇一六〜一七年の統計には、それが如実に表れている。

- 米国長者番付トップ一〇……一〇〇%が白人
 （世界長者番付トップ一〇人のうち七人がアメリカ人）
- 米国下院議員……九〇%が白人
- 米国上院議員……九六%が白人

- トップ軍事顧問［外国に派遣され、派遣先の軍隊の組織編成や訓練、戦闘指揮などに協力する軍事専門家］……一〇〇％が白人
- 現在の大統領と副大統領（二〇一六～一七年）……一〇〇％が白人
- 米国下院フリーダム・コーカス［共和党保守強硬派の団体］……九九％が白人
- 現在の米国の閣僚（二〇一六～一七年）……九一％が白人
- テレビ番組放映の決定権を持つ人……九三％が白人
- 本の出版の決定権を持つ人……九〇％が白人
- ニュースの報道について決定権を持つ人……八五％が白人
- 音楽制作の決定権を持つ人……九五％が白人
- 世界中の映画興行収入の史上ベスト一〇〇の監督……九五％が白人
- 教師……八二％が白人
- 常勤の大学教員……八四％が白人
- 男子プロアメリカンフットボールチームのオーナー……九七％が白人[26]

この数字にはマイナーな団体や、特定の興味に関する団体は含まれていない。これらはアメリカで最も力を持つ団体なのだ。「よい人」と「悪い人」の比較でもない。こうした数字が表しているのは、ある一つの人種集団が、自己像や世界観や関心事を社会全体に広めたり守ったりする役割において、大きな権力と支配力を持っているということだ。

白人至上主義を広める最も効果的な方法の一つがメディアによる報道だ。メディアは私たち

の世界観に大きな影響を与える。映画の脚本家や演出家は文化の語り手だと言えるし、彼らが紡ぎ出す物語が私たちの世界観となる。ほとんどの白人は非白人（特に黒人）から離れて住み、人種を超えた真の関係を持っていない。そのため、映画から受け取る人種をめぐるメッセージは白人に大きな影響を与えるのだ。先に記した統計の一つを見てみよう。二〇一六年の世界の映画興行収入ベスト一〇〇のうち九五％の映画監督がアメリカの白人である（そして九九％が男性なのだ）。映画監督の世界は、なんと同種で占められていることだろうか。彼らはおそらく人種、階級、ジェンダー面で社会のヒエラルキーにおいて上位に立っている人たちで、多分、他の人種と様々な平等関係を築いてはいないだろう。それなのに、彼らは人種上の「他者」を描ける立場にある。そして彼らの描く狭くて疑わしい「他者」の像が何度も繰り返して強調されるのだ。しかもこうした偏った描写が世界中に拡散され、西洋で始まった白人至上主義が世界中に流布されることになる。

　白人が白人至上主義という言葉に抵抗する限り、自分たちが白人至上主義のメッセージによってどう形作られてきたかは検証できない。過激な白人至上主義者はこのことをよく知っているのだ。元白人国粋主義者のクリスチャン・ピッチオリーニは、白人国粋主義をより多くの人にアピールするために、レイシストや白人至上主義という言葉から距離を置かざるを得なかったと述べている。「オルトライト」と白人国粋主義運動は、三〇年にわたって、白人至上主義者のメッセージを改ざんしようとしてきたことの結果だと言う。「当時私たちは、平均的なアメリカ人のレイシストたちを遠ざけてしまっていることに気がつきました。そこで、もっと普通の人のように、普通に話すようにしたのです。人々にうまく溶け込み、標準化し、メッセージを伝わりやすいようにしようと考えたのです」[27]。デヴィッド・デューク〔元KKK最高幹部、元ルイジアナ州下院議員〕をゴッドファーザーに持つ、元白人国粋主義者運動の若手リーダーとして知られたデレク・ブラックはこう語っている。「私が主張していたのは、白人国粋主義者であることが暴露されることなく、それに関する様々な論争に巻き込まれさえしなければ、共和党員として立候補して、移民を禁止するべきだとか、積極的差別是正措置《アファーマティブ・アクション》に対抗すべきだとか、グローバリズムを廃止すべきだとかと言っていれば当選できるだろうということだった」[28]

過激な白人至上主義者との間に距離を置くことが重要だと気づいていたのは、現代の白人ナショナリストだけではない。共和党の政治戦略顧問としてロナルド・レーガン大統領とジョージ・H・W・ブッシュ大統領に仕えたリー・アトウォーターは一九八一年のインタビューで、「南部戦略《サザン・ストラテジー》」と呼ばれる手口について説明している。レイシズムという言葉を口にせずに、南部の白人有権者のレイシズムに訴えかけた方法である。

一九五四年には「ニガー、ニガー、ニガー」と言えたが、一九六八年には「ニガー」などと言うとしっぺ返しをくらって、都合が悪くなったものだ。だから代わりに、強制バス通学だとか、州の権限などについて話すようになった。それからどんどん抽象的になっていき、税削減やら経済やらに関する様々なことを話すようになったが、すると結局、白人より黒人が被害を受けているという話になってしまうわけだ。まあ、それが潜在意識下では、意図的だったのかもしれないがね。……これほど抽象的に暗号化されてくると、人種問題が排除されていくわけだ。わかるかな？　何が言いたいかというと――何となく「○○をカットしよう」などと言っている方が、強制バス通学なんかより観念的だし、「ニガー、ニガー」よりは断然、観念的なわけだ。[29]

白人至上主義という言葉を聞いて私たち白人が腹を立てたとしても、実はそれは白人至上主義のプロセスを擁護し、人種不平等のメカニズムを曖昧にするだけなのだ。それでも、この言葉が多くの白人にとってどれほど腹立たしいものかを私は知っている。特に高齢者は、それを過激なヘイト集団と結びつけて腹を立てる。しかし私が明確にしたいのは、白人至上主義とは、過激な白人国粋主義者の行動よりも、もっと普及した微細なものであるということなのだ。白人至上主義は私たちの住む文化であり、それは白人と、白人性に関するすべての事柄を理想とする文化なのだ。白人至上主義は、白人が非白人より優れているという考えだけではない。白人が人類の標準であり、非白人は標準から逸脱しているという考えが、白人至上主義を支える大前提なのである。

白人至上主義を明示することで、対話を二つの意味で大きく変えることができる。一つは、レイシズムという制度を可視化して、変わるべきなのは白人の方なのだと、立ち位置を変えること。もう一つは、私たちにしかできない努力――レイシズムの共犯者として与《くみ》してきたことへの挑戦――を生涯通じて行うべく方向づけることだ。非白人には担う役割がないと言っているのではない。制度を支配している側に全責任があると言っているのだ。

白人の人種枠

「白人の人種枠《ザ・ホワイト・レイシャル・フレーム》」という言葉をつくったのは、社会学者のジョー・フィーガンである。これは、人種としての白人の優越性を示すメッセージを広めたり強化したりすることを指している[30]。白人の人種枠が白人至上主義の基盤となり主要なメカニズムとなっているのだ。この枠組みは深く広範囲にわたっていて、何千もの「断片」が蓄積されたものだ。それはイメージ、ストーリー、解釈、排除、沈黙といった文化的情報の断片群であり、一人の人間や一個の集団から次の人や集団へと、そして次の世代へと受け継がれていくものなのだ。こうした断片は、明白に、あるいは暗に、映画やテレビやニュースや他メディアや、家族や友人の語る物語を通して広められていく。常に白人の人種枠を使って社会制度を解釈し、新たな断片を組み込むことで、白人の人種枠はさらに深く刻み込まれていくのだ。

大まかに言えば、白人の人種枠とは、白人は文化面でも業績面でも優れていて、非白人は一般的に、社会的、経済的、政治的な意味で劣っている、したがって、非白人は国をつくって維持する点で白人より劣っているという見方である。人種枠についてはさらなるフェイズとして、社会の制度（教育、医療、法律、政府、経済、軍隊）が白人によって支配されているので、白人の優越性は取り立てて言うほどのことでもなく、普通のこととして受け入れられている。こうした制度によって、白人が不釣り合いなほど豊かさと特権を与えられていることも当然だと思われている。自分たちは「よりよい」人間であるから特権や資産を与えられる資格があるというわけだ。より深刻なレベルでは、白人は他の人種の否定的なステレオタイプや劣ったイメージを受け入れて、そのイメージを強化し続けている。この段階になると、恐れ、軽蔑、反感といった感情も保持されるようになる。

この枠組みには、非白人に対する否定的な考えと、同時に白人と白人の制度に対する肯定的な考えが含まれている。それは、あまりにも内面化され染み込んでいるので、ほとんどの白人は意識したり反論したりしないのだ。意識下にある白人の人種枠を理解するために、あなたが自分の人種集団以外の人種集団が存在していることに最初に気づいたときのことを思い出してみてほしい。非白人なら、そういったことを常に意識していただろう。しかしほとんどの白人は、五歳ぐらいになるまでは気づかないのだ。ほとんど白人だけの環境で育ったから思い出せないと言うのなら、ディズニー映画、ミュージックビデオ、スポーツ選手、中華料理店、黒人の顔がラベルに描かれたシロップやライス、ファストフード店タコベルの広告でスペイン語を話すチワワ犬、コロンブス記念日、テレビドラマ「シンプソンズ」のインド系アメリカ人のキャラクター「アプ」、映画「シュレック」のロバ（「黒人」として描かれている）などを思い出してみてほしい。

こうした非白人の描かれ方について自問してみてほしい。あなたは親から人種にかかわりなくだれでもみんなが平等だと教えられてきただろうか？　あなたの親には非白人の友人がたくさんいたか？　近所に非白人が住んでいなかったとしたら、それはなぜなのか？　彼らはどこに住んでいたのだろう？　彼らの住む地域について、あなたはどんなイメージを持っていたか？　そこではどんな音や匂いがしただろうか？　どんなことが行われていたと思うか？　そうした地域に行くことを親から奨励されていただろうか、あるいは奨励されていなかっただろうか？

学校についても考えてみよう。いい学校とは、どんな学校か？　いい学校に通うのはどんな人たちだろう？　悪い学校はどうだろう？（アメリカのほとんどの学校がそうであるように）あなたの地域の学校で人種隔離がなされていたとしたら、なぜ他の人種と一緒の学校に行かなかったのか？　住む地域が違っていたからなら、なぜあなたたちは、異なる地域に住んでいたのだろう？「彼らの」学校はあなたの学校と比べて、どうだったか？　より優れていたか、劣っていたか、それとも同じレベルだったのか？　あなたの町で差別撤廃に向けたバス通学が行われていたとしたら、そのバスはどっちの方向へ向かって走っていたか？　だれがだれの学校へ強制バス通学させられていたのか？　差別撤廃に向けたバス通学が片方の学校へしか生徒を運んでいなかったとしたら、それはどちらの方向だっただろうか？

他の人種と一緒の学校に通っていたのなら、カフェテリアで彼らと同じテーブルについたか？　なぜそうしなかったのだろう？　優秀なクラスや高校生が特別に大学と同等の授業を受けられるAPクラスと、授業についていけない生徒のための特別クラスとは人種において平等だったか？

次に先生について思い出そう。自分と同じ人種の先生が担任になったのは何歳のときだったか？ その後も自分と同じ人種の先生が多かっただろうか？

こうした質問について、ほとんどの白人は、先生は白人ばかりで、大学に行くまで非白人の先生に教えられたことがなかったと答えている。逆に、非白人の生徒が自分（たち）と同じ人種の先生を持つことは稀である。こうして教師について思い起こす作業は、人種を通じた社会化と、学校教育から受けてきたメッセージを明らかにするために、どんな意味があるのだろう？

こうした質問に答えるときに、どの人種が地理的に近くにいたかについても考えてみよう。人種の多様性がある学校だったら、どの人種が多かったのか？ 人種の割合が学校の価値にどんな影響を与えていただろう？ たとえば、あなたの通った学校の主な人種集団が白人とアジア系であったなら、黒人とラティーノの生徒の多い学校よりも、おそらく優れた学校だと思われていたことだろう。地域的な人種ヒエラルキーと、自分の住む地域については、どう学んできただろうか？

多くのアメリカ人のように人種隔離がなされた地域に住み、その地域の学校に通った人なら、だれもが平等だという主張と、人種隔離という現実とがつじつまが合わないことを説明しなくてはならない。もしあなたが、人種の多様な地域に住んでいたり、人種が統合された学校に通っていたりしたのなら、なぜ学校以外のところでは人種隔離がなされているのか、そしてそれが特に価値や質の高さと結びついているのはなぜなのか、考える必要があるだろう。多様性のある学校の中でも、人種隔離が大いにあったかもしれない。さらに言えば、社会的階級が高かったおかげや、居住地域における人口動態の変化のせいで、人種統合がなされた環境で育った人であっても、大人になってからも人種の多様性が保たれた環境で暮らしていることは稀だろう。こうした事柄について考えることは、私たちの意識下で吸収し、行動や反応を形作ってきた、深いメッセージについて考察する入り口となる。

アメリカでは人種は地理的にコード化されている。私には、自分の町のどの地域がどの人種で成り立っているかがはっきりわかるし、また地域の住宅の資産価値が変動していることもわかる。住居の資産価値の上下は、主に人種の人口変動によって決まるからだ。白人が増えれば資産価値が上がるし、白人が減れば資産価値が下がるのだ。子どもの頃、学校に張られたポスターや「セサミストリート」といったテレビ番組によって、人はみな平等だとはっきり教えられたものだ。でも私たちは人種を超えて共に暮らしてはいない。私はこの隔離の意味を解明しようとした。みんなが平等なら、どうして離れて住んでいるのか? 離れて住むことは普通で自然なことなのだろうか?（私の周りの大人はだれも隔離について文句を言っていなかった）さらには、離れて住むことは正しいことだろう。なぜなら、私たちはより優れた人種だから、と。ところで白人が優れた人種だというメッセージを私は、一体どのように受け取ったのだろう? 白人の住む地域は、よい地域で、安全で、守られていて、清潔で、好ましいのだ、と私たちは言う。それ以外の地域は、悪い地域で、危険で、犯罪が多くて、避けるべきだと定義される。無害な守られた場所ではないのだ。このようにして、白人の人種枠ができあがっていく。

白人の多く住む地域は人種問題とのかかわりを持たない、というわけではない。――むしろ人種問題は溢れているのだ。そうした環境で過ごす時間のすべてが、白人の人種枠を強めている。狭い世界観を持ち、非白人に対する疑わしい描写を信じ、非白人と知り合うことの価値にすら気づかずに人種隔離を当然と思い、内面化された優越感を持って過ごしている。そうすることで、人種の区別を超えて積極的に交流する能力が大きく制限されてしまうのだ。

　子どもの頃に白人の人種枠がどのようにして身についたのか、スーパーマーケットに白人の母子がいるところを想像しながら考えてみよう。子どもが黒人男性を見て、「ママ！　あの人、肌が黒いよ！」と叫ぶ。すると黒人当人と何人かの人が振り返る。こんな時、母親はどうするだろう？　たいていの人は、すぐに「シー！」と唇に指を当てて黙らせようとするだろう。その時の母親の気持ちを白人に尋ねてみれば、ほとんどの人が、彼女は不安で緊張し困惑した気持ちになったと言うだろう。実際、白人の多くが似た経験をしたことがあるはずだ。そこには、人種についてオープンに話してはならない、という明白なメッセージがあるからだ。

　この例を学生たちに披露すると、母親はただ子どもに礼儀を教えているだけだと言う者が時々いる。その男性の人種を言葉にするのは失礼だから。しかし、それはなぜなのか？　黒人であることのどこが恥ずべきなのか？　気づかないふりをしなくてはならないほど、恥ずべきことなのか？[31]　相手が障害を持つことがはっきり見てとれる人や肥満の人の場合でも、母親の反応は同じであろう。しかし、子どもが白人を見て「ママ！　あの人、肌が白い！」と言っても、母親は先の例のように不安になったり、緊張したり困惑することはないだろう。

　次に、子どもがある人のことをハンサムだとか強そうだとかと叫んだ場合について、想像してみよう。おそらく母親の反応は、クスクス笑いや笑顔であろう。子どもを黙らせようとはしない。なぜなら、そうした感想は褒め言葉だからだ。

子どもが人前で黒人の肌の色を口にして母親を困惑させたという例は、白人の子どもが、人種を通して社会化されるプロセスの一面を表している。まず、人種について公然と話すことはタブーであると子どもは学ぶ。そして、他の人より価値が劣っていると定義されるような好ましくない様相については（顔に大きな痣《あざ》のある人や、車いすの人に対してのように）、気づかないふりをするべきだと教わるのだ。白人の大人たちが、非白人（特に黒人）のことを話すときに声をひそめる場面に遭遇するたびに、こうした教訓が、さらに明瞭になっていく。まるで黒人であることが恥ずかしいことであり、黒人という言葉そのものが失礼だというように。私たち白人は、非白人のことをどんなふうに、こっそり話しているだろうか？　自分がうっかり言ったことすべてについて考えを巡らせてみれば、白人の子どもが人種の舵取りをどのように学んでいくかに気がつくかもしれない。

III　公民権運動後のレイシズム

「今の子どもたちは、本当に偏見がないね。年寄りがいなくなったら、やっとレイシズムがなくなるだろうね」

「私は小さな田舎のコミュニティで育ったの。世間知らずで、レイシズムのことなんか、何も習わなかったわ」

「ぼくは人を行動で判断するんだ。だれなのかなんて関係ないよ」

「私には肌の色など見えない。人間が見えるだけ」

「だれでも皮膚の下は赤いさ」

「私は六〇年代にデモ行進したんだ」

映画論のマーティン・バーカー教授がつくった新しいレイシズムという言葉は、はっきりと人種差別的に見えないような方法で、現代の規範や政策や実践が過去と変わらない人種差別的な結果をもたらすように、レイシズムが時間をかけて順応してきたことを示している[1]。社会学者のエドゥアルド・ボニラ＝シルヴァは、著書『レイシスト不在のレイシズム――アメリカのカラーブラインド・レイシズムと人種不平等の持続』（*Racism Without Racists: Color-Blind Racism and the Persistence of Racial Inequality in America*）の中でこの動態を捉えて、今は自分をレイシストだと主張する人はほとんどいないが、それでも依然としてレイシズムは存在していると述べている。[2] しかし、そんなことが可能だろうか？ レイシズムの存続が可能なのは、順応性が非常に高いからだ。だから私たちはレイシズムが時とともにどう変わっていくかを見極めなくてはならない。たとえば、白人ナショナリストのデモに抗議する人が殺害されたとき、アメリカのトランプ大統領は「どちら側にも非常に素晴らしい人たちがいる」と言ったが、このような発言を政府の高官がすることは、わずか数年前までは考えられなかった。それでも、トランプにあなたはレイシストなのかと尋ねれば、断固そうではないと答えるに違いない（実際、彼は自分ほど「レイシストから程遠い」人間はいないと述べていた）。この章では、ほぼすべての白人にレイシズムへの関与やそれによる特権があることを感じさせることなく、人種上の格差を生み出し続けるために、時代の中でレイシズムがどう変化してきたか、その様々なやり方について考察していく。

抑圧的な制度とは、どのようなものでも、順応性があるものである。挑戦に抵抗したり順応したりしながら不平等を維持することもできるのだ。例として、同性婚や、障害を持つ人の受け入れに関する連邦政府の承認について見てみよう。異性愛の規範化や身体障害を持つ人への総体的な差別の制度はいまだに続いているが、ある程度は変わってきている。しかしこうした順応は、平等が達成できたと長年懸命に闘ってきた人たちを安心させ、納得させるためのものだ。同性婚の承認、障害を持つアメリカ人法第九条の可決、バラク・オバマ大統領の当選のような節目となる出来事は、もちろん素晴らしいし祝うべきだが、深く根ざした抑圧の制度は、単なる法律制定によって乗り越えられるものではない。LGBTQI（レスビアン、ゲイ、バイセクシュアル、トランスジェンダー、クィアあるいはクエスチョニング、インターセックス）の権利に対する近年の反動を見ても、前進がいかに微弱なものでしかないかがわかる。抑圧の制度に全く融通性がないとは言わないが、大衆のイデオロギーが認識しているよりは、ずっと柔軟性がない。そして資産の分配の不均等が集団に与える影響は、歴史を通じて続いているのだ。

カラーブラインドというレイシズム

レイシズムの文化の変化への適応力の一例として、カラーブラインド・レイシズムが挙げられる。[3] このイデオロギーによれば、人種に気づかないふりをすればレイシズムなど存在しないということになる。この考え方は一九六三年の「仕事と自由のためのワシントン大行進」でマーティン・ルーサー・キング牧師が行ったかの有名な演説「私には夢がある」の一節に基づいている。

キング牧師が演説を行った当時は、白人が人種偏見を持ったり、白人が人種として優れていると信じたりすることが、今よりも社会的に受け入れられていた。しかし、その頃はまだ、黒人層が受けていた暴力を多くの白人は目にしていなかったとも言える。公民権運動の闘いがテレビで放映されるようになって、アメリカ中の白人が、黒人男女や子どもまでもが平和的な抗議活動の最中に警察犬や消火ホースによって攻撃されたり、食堂で殴られて引きずり出される様子を、恐ろしい思いで目撃することになったのだ。一九六四年に公民権法（人種、肌の色、宗教、性別、出身国を理由とする差別を禁じた公民権とアメリカの労働法に関する画期的な法律）が可決されると、白人の人種偏見が容認されにくくなり、（差別が違法になっただけでなく）テレビで見るような人種差別的な行動に自分が結びつけられることを嫌うようになった。そして白人の大衆は、キング牧師の「いつの日か、肌の色ではなくて人格の中身によって評価される……」という演説の一節に飛びついた。なぜなら、それが人種間の緊張の、実に単純で即効性のある解決だと思ったからだ。すなわち、人種を見なければ、レイシズムはなくなるというわけだ。カラーブラインドという視点が今やレイシズムの治療法として推進されるようになり、白人は自分には人種というものが見えないし、あるいは見えたとしてもそれには何の意味もないと主張するようになったのである。

　公民権運動によってレイシズムが終わらなかったことは明らかだし、公民権運動がカラーブラインドネスの主張をしたわけでもない。しかしキング牧師の業績がこのような単純な考えにすり替えられたのは、社会を変えようとする運動が利用されたことに他ならない。最初の挑戦の意味が削《そ》がれ、本来の主張にとって不利な形で使われるようになってしまったのだ。たとえば、カラーブラインドネスを掲げる人によく見られる反応は、人種問題を問題視する人こそがレイシストだという主張だ。人種を認識すること自体がレイシズムだというわけだ。

カラーブラインドのイデオロギーを非白人の視点から見てみよう。アフリカ系アメリカ人男性と一緒にワークショップを行っているときに、よく取り上げた例がある。一人の白人女性の参加者が黒人の彼に「私は人種を見ないから、あなたを黒人として見ていないわ」と言った。黒人はこう返した。「ではあなたはレイシズムをどう見るのですか?」。そして彼は彼女に、自分は黒人である、そしてあなたにもそれがはっきり見えるはずだという自信があると言った。さらに、自分の人種の持つ意味は、それによってあなたとは全く違う人生体験をしてきたことだと説明した。彼女がいつかレイシズムを理解してそれに挑もうとするなら、まず人種間の差異を認めなくてはならない。黒人であることに気づかないふりをすることは、黒人の彼にとって何の助けにもならない。なぜなら彼の現実を否定したり拒絶したりしても、彼女の狭量な現実は守られ、挑戦を受けることはないからだ。黒人の人種に気づかないという前提によって、彼女は黒人の彼を「私と全く同じだ」と思い込み、自分自身の現実を彼に投影している。それは、「私と同じようにあなたも職場で歓迎されていると思うべきだ」「私は自分の人種を重要だと思ったことなどないから、あなたも思うべきではない」ということなのだ。しかし、もちろん私たちには他人の人種が見えるし、人種は私たちにとって深い社会的意味を持つものだ。

意識的な人種認識とはすなわち、私たちの意図（いつも正しい！）と見えるもの（何もない！）は、人種を通じた社会化の表層部分であり、氷山の一角でしかないと言えるだろう。その奥にはとても深い人種差別的な社会化が存在している。それは、メッセージ、信念、イメージ、提携、内面化された優越感と資格、認識、感情といったものだ。カラーブラインドのイデオロギーによって、こうした無意識の信条に、なかなか気づけなくなってしまう。カラーブラインドネスという考え方は、レイシズムを解消しようとする善意によって始まったかもしれないが、実状はレイシズムの現実を認めず、したがってレイシズムを揺るぎないものとする役割を果たしていると言える。

人種偏見は無意識によることが多いため、そこには非常に深い問題が横たわっている。人種偏見があるのではないかと示唆されただけで、自己防衛反応が起こるのだ。[4] この自己防衛は、自分を公平な人間だと主張しながら、同時に白人の人種偏見を保持する、典型的な白人の心の脆さ《ホワイト・フラジリティ》である。確かに、自分の嫌な面と対峙するのは心地が悪いものだが、見ることを拒絶すれば何も変えることはできない。

数えきれないほど多くの調査によって、非白人が職場で差別を受けていることは実証されている。[5] たとえば、あなたの同僚が社員を雇うときに、無意識に非白人を差別したことが判明したら、どうだろう？　平等を信じるあなたは、差別をやめるように同僚に伝えることが肝要だと思うだろう。そして最も如才ないやり方でそう伝えるだろう。すると同僚はどんな反応をするだろうか？　指摘されたことを感謝するだろうか？　多分それはないだろう。きっとあなたの同僚は、傷つき腹を立て、自分は人種差別などしていない、一番優秀な候補者を選んだだけだと自己弁護するだろう。同僚は自分の言い分が正しいと心底信じているだろう。たとえあなたに確固とした証拠があったとしても。この自己防衛反応は、レイシズムとは常に意図的なものだという誤った信念が広まっていることに根ざしている。そして白人が暗黙の偏見を理解できないことが、回避的レイシズムへとつながっていくのである。

回避的レイシズム

回避的レイシズムとは、自分は教育があって進歩的だと考える善意の人々に見られることが多い、レイシズムの一つの表れである。[6] それが意識下に隠れているのは、人種間の平等と正義という意識的な信条と相容れないからだ。回避的レイシズムが、微細で油断のならない差別の形であるのは、善良な自己像を保ちながら、実はレイシズムを実践していることにある（「私には非白人の友人がたくさんいるわ」「ぼくは肌の色ではなくて、その人の人格で人を評価するんだ」）。

白人は次のような様々な方法で、善良な自己像を保ちながらレイシズムを実践している。

- 人種隔離は残念なことだが「よい学校」に子どもを入れるためには必要だと正当化する
- 自分の職場がほぼ白人だけなのは、非白人が応募しないからだと正当化する
- 人種を直接表す言葉を使わず、貧困層の多い都市部《アーバン》、社会経済的に恵まれない《アンダープリヴィレッジド》、多様性《ダイバース》、怪しげな《スケッチー》、好ましい地域社会《グッド・ネイバフッズ》、といった人種を暗に表す言葉を使う
- 自分たちのコミュニティや職場に多様性があると主張して、異なる人種との関係がほとんどないことを否定する

• 白人と非白人の不平等を、人種以外の理由によるものだと主張する

私は白人の友人とこんな会話を交わしたことがある。彼女は知り合いの白人カップルがニューオリンズに引っ越して、たった二万五〇〇〇ドルで家を購入したと私に言ったあとで、急いでこう付け加えた。「彼らはもちろん拳銃を買ったのよ。ジョウンは家から出るのが怖いんですって」。それを聞いてすぐ私は、彼らが家を買ったのは黒人の住む地域だと察した。カップルは友人にこの話をして、人種をめぐる危険を共有することで白人同士の人種の絆を深め、さらに友人がその話を私にしたことで、彼女と私の絆も深まったわけだ。この話によって、私たち四人の間で、黒人の地域につきまとう恐ろしいイメージが増強され、「我ら」と「彼ら」の間に境界線が引かれた。しかも、人種を名指しせず、黒人の地域への軽蔑をはっきり口に出すこともせずに、それが行われたのだ。

拳銃が必要だというのがこの話のカギだということに気づいただろうか？ もし家の値段だけが焦点なら、拳銃が持つ社会的な意味合いにまでは至らなかっただろう。しかし、この話が感情的な意味を持つのは、家がそれほど安かったのは、白人が生きて帰れないかもしれないほど危険な黒人の地域だから、という話だからなのだ。この会話では、黒人の非常にネガティブで典型的な姿が強調されているのにもかかわらず、人種名を語らないことによって、人種にかかわる話であることをもっともらしく否定しているのだ。私はこの話を本に書く前に、彼女にカップルが引っ越した町の名前を尋ねた。黒人の地域であることを確認しておきたかったのだ。

彼女とのテキストメッセージのやり取りを、ここに紹介しよう。

「あなたの友人が二万五〇〇〇ドルで家を買ったのは、どこだっけ？」

「ニューオリンズよ。すごく悪い地域だから、二人とも身の安全のために拳銃を買わなくてはならなかったのよ。私ならそんなところの家、五セントでも買わないわ」

「黒人の地域なのね？」

「そうよ。安かろう悪かろうよ。私なら五〇万ドル出しても安全なところに買うわ」

「そこに住みたいから聞いているんじゃないのよ。白人がレイシズムを認めたり人種を口にしたりせずに、人種についてどうやって話をしているのか、本に書こうと思ったからなの」

「あなた、あんまり遠いところに引っ越さないでよ！」

町の名前を尋ねただけなのに、彼女は、危険な地域だから拳銃を買わなくてはならなかったという話を繰り返した。それが黒人の地域かと聞いたときも、彼女は迷うことなく、そうだと答えた。しかし、白人が人種を名指しせずに人種について話すことに興味があるのだと私が言ったとたん、彼女は話をすり替えたのだ。そして、あまり遠くに引っ越さないでほしい、という心配に話の方向を変えたのだった。これが典型的な回避的レイシズムだ。根深い人種への軽蔑が日常会話に表れても、そうだと認めることができない。なぜなら、自己像や公言している信条と、人種への軽蔑が相容れないからなのだ。

読者は疑問に思うかもしれない。「その地域が本当に危険であっても、そう認めることがレイシズムの兆候になるのだろうか？」と。暗黙の偏見に関する調査によれば、犯罪についての考え方を人種が左右するという。白人は黒人がいるだけで危険だと感じる。我々白人の、人種と犯罪の関係に関する考え方には信頼性がない[7]。しかし、ある地域が実際に他所よりも危険かどうかはさておき、この会話で顕著なのは、会話が人種をめぐってなされる仕方と、そしてその会話をしている白人にとって持つ意味合いである。私と友人の場合、この会話によって、ある地域が危険だという意識が深められたわけではない。それよりは、私たちの黒人についての根本的な考え方が強化されたことになる。トニ・モリソンは「アフリカ系アメリカ人を人種ヒエラルキーの最下位に貶める意味しか持たない人種にかかわる暗号や象徴を、日常生活に露骨に持ち込む行為」を人種トークという言葉で説明している[8]。人種をめぐる何気ない会話が、白人における人種上の枠組みの重要要素となるのだ。なぜなら、非白人の品位を落とすことによって、白人の地位を高めるという共通の目標が達成されるからだ。人種トークが示唆しているのは、いつでも人種としての「我々」と「彼ら」なのだ。

私が体験した回避的レイシズムのもう一つの例を紹介しよう。私が最後に教鞭を執った大学は、行ったことのない州にあった。初めて面接で訪れて、三日間を過ごすことになったとき、他の白人たちに、「もしこの大学で教えることになったらスプリングフィールドやホリーオークに家を買わないように、特に子どもがいる場合は注意するように」と警告された。だれも表立って人種の名前は言わなかったが、人種を指す暗号であることは明白だった。彼らの忠告によって、どの地域に非白人が多く住んでいるかを私は知ることができた。しかし同時に、だれも人種名を口に出さなかったため、これが人種トークであることを皆が否定することもできたのだ。一日目の夜にホテルに戻って人口統計を調べてみると、確かにスプリングフィールドとホリーオークが、五〇%近くを黒人や褐色の肌の人が占める地域であることがわかった。すでに初日に、白人の同輩たちが私に人種上の境界線を教えたわけだ[9]。

私が受け持った教員教育の学生たちも、人種トークをすることがあった。自分たちを優越視して、「我々」と「彼ら」の境界線を強調した。彼らの人種トークは、「危険な」地域に派遣されることの恐怖や、自分の住む地域は「守られている」というようなことだった。こうした描写は、白人の住む郊外で暴力的な犯罪が起きると、ニュースがそれを驚くようなこととして報じることで、さらに強化され続ける。しかし、ほとんど非白人のいない守られた環境で自分が育ったと主張することは、ある重大な疑問を呼び起こす。「一体、何から守られ、だれと対置されてきたのか?」。ほとんど非白人のいない環境で育っても、実際には、人種差別的な条件づけから守られてこなかったわけではないだろう。なぜならそういう環境では、メディアが繰り返す視野の狭い描写や、ジョークや排除や警告によってしか、非白人について知ることができないのだから。

白人の場所が守られた場所だとして、そこで育った人が人種上無垢《イノセント》であるなら、非白人の方が無垢でないというお決まりの話になってしまわないだろうか。人種差別的なイメージと、そこから生じる白人の恐怖感は、社会のどのレベルにも見られる。そして数えきれないほどの研究が、白人が非白人（特に黒人）を危険だと信じていることを示しているのだ。[10]

非白人から見れば、白人は自分たちがいかに守られて安全な場所にいるのかということをほとんど考えることがない（たとえば、トレイヴォン・マーティンのゲーテッド・コミュニティでの体験のように［二〇一二年に当時一七歳の黒人青年がフェンスで囲まれた住宅地を歩いていただけで自警団員の男に射殺された事件］）。この事件は、黒人であることが逆に人種をめぐる危険を招いたという点で、非常に悪質な事件の一つだと言える。

白人社会でレイシストと見なされる人について、どんな倫理的判断がされているかに照らし合わせて考えれば、自分がレイシストだということを——自分に向かってですら——否定しなくてはならないことは十分理解できる。白人は深く内面化された優越性を信じて、日常的にそれに従って行動している。しかし社会に溶け込み、自分は善良で道徳的な人間であるという自己認識を保つためには、自分はレイシストではないという信念を否定しなくてはならないのだ。残念なことに、回避的レイシズムは、レイシズムを保持するだけである。自分もそれを持っているかもしれないと気づかなければ、人種によるフィルターに抗うことはできないのだ。もちろん白人の中には、レイシズムをはっきり認める者もいる。白人が必然的に持つ偏見やそれをどう表現しているかについて批判的な思考をめぐらすこともなく、ただ単に自分には偏見がないと思っている白人よりは、彼らの方がむしろ偏見について正直な認識をしているのかもしれない。

文化の中のレイシズム

子どもと人種に関する一連の調査によって、白人の子どもは学齢前にすでに優越感を持つことが明らかになった。[11]これは驚くことではない。なぜなら子どもたちは、非白人より白人の方がよいというメッセージを社会から受け続けているからだ。

たとえ多くの白人の若者が、レイシズムは過去のもので、自分たちはだれもが平等だと教えられてきたと主張しても、リサーチの結果はそうではない。たとえば二〇一四年にMTVが行ったアンケートによれば、ミレニアル世代はその前の世代に比べて、平等や公平さについて、より寛容でより深く考えていることがわかる。[12]同時にミレニアル世代は、カラーブラインドネスという理想を掲げることで、かえって人種について気詰まりな混乱した気持ちを持ち、人種不平等をなくす方策に反対しているという。それが最も顕著に表れているのは、白人のミレニアル世代の四一%が政府はマイノリティの人たちに配慮しすぎだと言い、四八%が白人に対する差別も非白人に対する差別と同じくらいあると信じていると言っていることだろう。この世代の多くが、バラク・オバマが大統領に選ばれたことによってレイシズムの時代は終わったと主張している。ただし、このアンケートはドナルド・トランプが大統領になる以前のものであり、トランプが選ばれたことは、レイシズムの時代の終わりにはまだ程遠いことを示している。

他にもミレニアル世代に関する顕著な研究がある。社会学者レスリー・ピカとジョー・フィーガンが行った研究は、ミレニアル世代の主張ではなく実際の行為に焦点を合わせたものだ。[13]二人はアメリカ各地の二八の大学の六二六人の白人学生に、六～八週間にわたり、人種問題や人種上のイメージや理解について目にしたり、自分がかかわったりしたすべての事柄を日記に記録するように頼んだ。すると、彼らの周囲の人たち（友人、家族、知り合い、他人）が明らかに人種差別的なことを言ったり行ったりした記録が、なんと七五〇件にも上ったのだ。この結果は、すべての人が平等だと習ったとおそらく主張するだろう世代によるものだ。彼らは、公民権運動後のカラーブラインド・イデオロギーの時代に育った若者なのだ。ピカとフィーガンの研究によって、たとえ進歩的な白人の若者であっても、いまだにレイシズムを保持し続けていることが実証された。二人の研究からいくつか例を挙げよう。

大学男子寮《フラタニティ》の男子が大勢集まっている部屋に、フィルが「ロッチー！ ロッチー！ ロッチー!!」と言いながらやってきた。私が「どういう意味なの？」と尋ねると、クスクス笑いながら、「ニガー、ニガー野郎のスラングさ」とすぐに答えた……（アイリーン）

ロビーが周囲を確かめてからこんなジョークを言ったの。「黒人の男と、ラテン系の男と、白人の男が海岸で魔法のランプを見つけたんだ」と、人種差別的なジョークを話し始めた。笑ったのは私だけじゃなかった。でも周囲にだれもいないことを確かめてから言っ

てよかったと思う。ロビーのことをよく知らなければ誤解してしまうから[14]（アシュリー）

ピカとフィーガンが集めた数千もの例には、いくつか共通する力関係が見られる。一つ目は、若者がいかに多くの、明白なレイシズムにさらされたり加担したりしているかということ。二つ目は、よい人はレイシストではないという考え方で、これはだれかに聞かれたらロビーが「誤解される」という一人の学生の日記に表れている。善良な白人であることとレイシズムとは両立しないという誤った思い込みをしながら、同時に、非白人に対する本当の気持ちや行動に不正直であるという意味において、この種のレイシズムは大変難しい力関係を作り出していると言えるだろう。

さらにこの研究が発見したのは、こうしたコメントや行動の一定したパターンについてである。多くの出来事は研究者が舞台裏と呼ばれる場所、すなわち白人しかいないところで起きている。さらに、こうした出来事に関与する白人たちの役割分担が、大体において予想できることもわかった。通常、主役となる人が人種差別的なことを始めて、チアリーダーが笑ったり同意したりして囃《はや》し立てる。傍観者は黙っているだけで、（非常に稀に）反対者が異議を唱える。そしてほとんどの場合、反対者は、「ただの冗談じゃないか、もっとリラックスしろよ」と仲間から圧力をかけられるのだ。

さらに研究によれば、表舞台（非白人もいる場所）では白人学生は、下記のような人種を意識した様々な行動をとるという。

- 必要以上に親切に振る舞う
- 接触を避ける（道を渡る、特定のバーやクラブへ行かない等）
- 「黒人の特徴や話し方」を真似る
- 人種を示すような言葉やラベルを使わないよう注意する
- 非白人を批判するときに、暗号のような言葉を使う
- 非白人に暴力の矛先を向けるのは、時折

非白人のいない舞台裏では、白人学生は特に非白人に関する人種差別的なステレオタイプを強調するような冗談を交わすことがよくある。こうした舞台裏の行動の目的は、白人の結束を高め、白人と男性の優位性のイデオロギーを強化することだと、ピカとフィーガンは主張する。たとえこうした行為が過去のものほど露骨でなくても、より強力にレイシズムを広めているのかもしれないのだ。自分たちのレイシズムを非白人から隠し、白人同士の間でもそれを否定するべきだというのが今日の文化的規範だが、それは実際、レイシズムに立ち向かおうというものではない。事実、レイシズムに挑もうとすると、私たちは社会的に罰せられるのだ。

若い世代の方がレイシストの要素は少ないと思わないかとよく聞かれるが、私はそう思わない。ある意味、レイシズムは時を経て順応し、ジム・クロウ制度［南北戦争を起源としアメリカ南部を中心に実施された、人種隔離による黒人差別制度］のような明白な法体系より、もっと悪意のあるものになっている。こうした適応は非白人は前進を

妨げられるという、かつてと同様の結果をもたらしている。そうさせたのは優勢な白人社会だ。自分たちの信念を認めようともしないし、認めることもできない白人社会なのだ。この妥協しない態度が、白人の心の脆さのもう一つの柱である、知ることを拒むことにつながっている。

Ⅳ　人種は白人の生活をどう形作ったか

白人のあなたへ――私を理解してほしいのではない
あなた自身を理解してほしいのだ
あなたは白人文化を理解することで生存してきたのではない
実際、あなたの生存に必要なのは無知だったのだから

――イジオマ・オルオ［ナイジェリア系アメリカ人作家］

白人が人種トークをすることがなぜこれほど困難なのかを理解するには、白人の心の脆さ《ホワイト・フラジリティ》の根底にあるものを理解しなくてはならない。それは白人であることが、どのように自らの考え、体験、反応を形作ってきたかということである。この章で述べる白人としてのあらゆる側面は、一般的な西洋、そして特にアメリカ合衆国の文脈における白人に共通したもので、この文脈では非白人には全く当てはまらないことである。

帰属意識

私は自分が帰属する人種文化の中で生まれた。実際、私が呼吸し始めるより前から、レイシズムの力が私を形作り始めていたのだ。私が病院で生まれたとしたら、それがいつの時代であっても、すべての病院が私を受け入れてくれたはずだ。なぜなら両親とも白人だったから。両親が出産準備クラスを受けたなら、インストラクターはほぼ間違いなく白人で、クラスで映されるビデオには白人が出ていただろう。そしてクラスを通じて仲良くなった人たちは、おそらくみな白人だったろう。両親が読んだ出産マニュアルやその他の文書に出てくる写真は、父親や母親だけでなく医師や看護師もほとんどが白人だったに違いない。育児クラスでも、白人のアイデンティティに基づく子どもの発達理論や例が使われていたはずだ。そして出産に立ち会う医師も看護師たちも多分みな白人だったろう。出産はもちろん両親にとって不安だったに違いないが、人種のおかげで医療スタッフにきちんと扱ってもらえるかどうかを心配する必要はなかった。医療現場のレイシズムに関する長年の調査によって、私の両親は病院で正しい扱いと、非白人よりも高度なケアを受けたに違いないということがわかるのだ。[1]

一方、母の病室の掃除や洗濯をしてくれた人、カフェテリアで調理や片づけをした人、施設のメンテナンスをした人たちは、おそらく非白人であったろう。私は人種ヒエラルキーによって組織された世の中に生を受けたのだ。白人である私が無事に誕生できたことも、このヒエラルキーの中では想定内のことなのだ。

日常生活を送っていると、私の人種は何の変哲もなく目立たないものである。テレビをつけたとき、ベストセラー小説を読んだり映画のヒット作をみるときでも、そうである。スーパーマーケットの雑誌売り場を通るときも、車でハイウェイの広告看板を通り過ぎるときも、「最も美しい人たち」のリストが圧倒的に白人ばかりであっても、疎外感を覚えることはなかった。自分の年齢や体重が不適切だと思うことはあっても、人種としては私はそこに所属しているだろう。たとえば二〇一七年に、歌手リアーナ［カリブ海バルバドス出身］がすべての肌の色のための化粧品ラインを売り出したとき、非白人の女性から溢れるほどの賛辞が寄せられ、ツイッターのコメントに「やっとできた！」と感嘆符がいくつも振られていた。[2] でも私にはこうしたツイートをする必要がなかった。

学校の先生やカウンセラーや級友たちも白人だった。アメリカ史の授業で年間通して学んだ英雄たち――ジョージ・ワシントン、トマス・ジェファソン、エイブラハム・リンカン、ロバート・E・リー、アメリア・イヤハート、スーザン・B・アンソニー、ジョン・グレン、サリー・ライド、ルイーザ・メイ・アルコットも、みな私と同じだった。[3] 教科書にも、教室に張られたポスターにも、違和感を覚えることはなかった。大人になってからも、子どもの担任の先生もキャンプのカウンセラーも、小児科医や歯科医も、みな私と同じ人種だ。なぜこんなに白人ばかりなのか、その理由をどう説明したとしても、私のアイデンティティと世界観が白人によってつくられていることに変わりはない。

社会における、規範的、中立的、特権的と思われるあらゆる状況や環境に、私は人種として帰属することができる。この帰属感はずっと以前から常に備わっていた深い感覚だ。帰属感が深い無意識に定着し、私の日常的な考え方や関心事や、人生の目的、見つけたいものすべてを形作っているのだ。この帰属感は非常に自然なもので、それについて考える必要もない。人種として所属できないことがたまにあると、それは大きな驚きとなる。そしてむしろその目新しさを楽しんだり、居心地が悪ければ簡単に回避することもできるのだ。

あるとき、白人の友人の退職祝いに招かれたことがある。各自料理を持ち寄って公園で開かれたパーティだった。坂を下りて公園のピクニックエリアに向かうと、二つのパーティが隣り合わせに開かれていた。一つは白人が主のパーティで、もう一つはほとんどが黒人のパーティだった。どちらが友人のパーティか選ばなければならないことに、私は不均衡なものを感じた。黒人ばかりのグループに入らなくてはならないとしたら、と考えると少し不安になった。そして、もう片方のグループが友人たちだと気づいたときには、軽い安堵感を覚えたのだ。間違って黒人のパーティに足を踏み入れたかもしれないと思うと、この安堵感がさらに大きくなった！ こうした考えや感情はどれも数秒の間に起きたことだが、人種をめぐる自己意識に気づいた稀な瞬間だった。人種として、あるグループに属さないかもしれないと感じるだけで、人種をめぐる居心地の悪さがこみ上げてくるのに十分だったのだ。

人種上そこに属さないと感じることは私にとって、めったにないことだ。感じたとしても一時的で、簡単に回避できる状況である。実際、私は生涯を通して、自分が人種マイノリティになる状況は避けるべきだと警告され続けてきた。そうした状況は、怖いし、危険だし「悪い」状況だと言われてきたのだ。一方、善良で、親切で、価値があると思われるような環境や状況であれば、白人の私は、きっと人種上そこに属すると見なされるだろう。

人種の重荷から解放される

自分を人種として見たり、他の白人から人種として見られるように社会化されなかった私には、人種をめぐる心理的な重荷はない。周囲が私の人種をどう感じているかとか、自分の人種によって不利になるかもしれないと心配することもない。上流社会では居心地の悪さを感じることがあるかもしれないが、それでも人種上はそこに所属しているのだと当然のように思うだろう。非白人が企画したり、彼らを祝ったりするための特別なイベントでない限り、その場で唯一の白人という状況にもならないだろう。私が郊外のゲートとフェンスに囲まれた住宅地を横切っていても、ジョージ・ジマーマンに見咎められることはないだろう［ジョージ・ジマーマンは、前出のトレイヴォン・マーティン青年を殺害した自警団の男性］。

パトリック・ローサル［フィリピン系アメリカ人の詩人でエッセイスト］は、ナショナル・ブック・アワード受賞者を祝うフォーマルイベントで、給仕に間違えられた苦痛について痛烈に書いている。[4] 私も非白人の仲間と一緒にホテルにチェックインするときに、彼らを使用人だと勘違いされたことが何度もある。私自身も、黒人男性が校長だとわかったときに驚きを隠せなかったり、ラティーノの女性が庭仕事をしていると、ここが彼女の家なのかと尋ねたり、と同じような思い込みをしてしまったことがある。

職業についても、私には広い分野にお手本になる人が無数にいる。仕事に応募するとき、私を雇う立場にある人は、たいてい私と同じ人種だ。たとえ、雇用プロセスに形式的に非白人がかかわっていたとしても、非白人が設立した組織でない限り、私がかかわる人のほとんどは白人だ。雇われた後で、私が白人だから雇われたに違いないと同僚の反感を買うこともないし、能力によって雇用されたときっと思ってもらえるだろう。[5] 組織の非白人の中に私が雇われたことを面白くないと思う人がいても、私はそれを簡単にはねつけることができるし、彼らの感情を特に重視する必要もないと安心していられるだろう。非白人からの反感に気づいたとしても、私は白人の同僚から十分に受け入れられ支えられているので問題はない。同僚たちは、偏見を持っているのは非白人の方だと言って、私を安堵させてくれるだろう。人種が問題にはならないので、私は仕事に集中し、生産性を上げ、チームプレイヤーとして認められる。これが先の章で述べた、白人性《ホワイトネス》の資産という概念の一例だ。白人性という心理的な利点によって、物質的な利益を得ることができるのだ。

私の日常生活において、レイシズムは私にとって何の問題にもならない。非白人にとって不平等な問題があることは知っていたが、何らかの責任が私たちにあるとは教えられなかった。問題になるようなことを個人的に行わない限り、レイシズムは自分の問題ではないのだ。責任から解放されているおかげで、人種についてリラックスした気持ちでいられる。非白人の日常には与えられない、感情的、理性的な余裕も十分に得られる。彼らにこうした恩恵がないのは、人数の上で彼らがマイノリティで、白人がそうでないからではない（実は、白人男性は数字的にはマイノリティなのだ）。非白人にこうした恩恵が与えられないのは、白人至上主義の文化の中で人種化されてきたからだ。そこでは非白人の人々に目が向けられたとしても、劣ったものとしてしか認識されないのだ。

白人至上主義の文化の中で育った私から滲み出ているのは、深く内面化された人種上の優越性という思い込みだ。人種上の優越性という白人の思い込みを切り抜けるのは非白人にとって精神的に疲弊することだが、私にはそんな苦労をする必要もない。

移動の自由

普通のどんな場所、行く価値のありそうなところへも、移動する自由が私にはある。たとえば美術館のレセプションやアートオークションのようないわゆる「上流社会」のイベントのように、状況によっては自分の階級が気になることもあるが、それは人種をめぐる心配ではない。実際、私の人種はこうした状況において有利に働く。まず、その場に所属できるかどうかを疑われることはないし[6]、またそれが非白人の企画や彼らを祝うイベントでない限り、私はその場における唯一の白人ではないだろう。

職場の多様性トレーナーとして働いていた初期の頃、デボラというアフリカ系アメリカ人と一緒にワークショップを行うことがあった。ある時、くたくたになるような旅程をこなした後で、週末の間アイダホ州のコーダレーン湖にリラックスしに行こうと彼女を誘ったことがある。すると彼女は私の提案を一笑に付して、北アイダホでの週末など彼女にとってはリラックスとは程遠いと言った。コーダレーン湖はヘイデン湖の近くの小さな町にある湖だ。ヘイデン湖は白人至上主義を唱える過激集団アーリアン・ネイションズの本拠地があるところなのだ。[7] その地域の住民がすべて白人ナショナリストではないにしても、公然とレイシズムを唱える集団がいるかもしれないのは、デボラにとって恐ろしいことだった。私たちが行く地域に組織化された白人ナショナリストの野営地がなかったとしても、デボラは白人ばかりのエリアで孤立したり、黒人に会ったことのない人たちと出会ったりすることを好まなかった。一方、私にはそんな心配は無用で、白人として、きれいなところならどこにでも行けるし、そこではきっと楽しいリラックスした時間が過ごせると予測できるのだ。

正常な人間

白人種が人間の標準だと見なされてきたことによっても、私の人生は形作られている。白人は「正常な人間」であるから、あえて人種名が語られることは、まずないのだ。考えてみてほしい。私たちが白人以外の人のことを話すとき、たとえば「黒人の友人」「アジア人の女性」のように、実に頻繁に人種を口にしている。私は若者向けの小説を読むのが好きだが、登場人物が非白人の場合は必ずその人種名が書かれているのに対して、白人の場合はそうでないことに、いつも戸惑いを感じる。

学校で読まされた作家について考えてみよう。アーネスト・ヘミングウェイ、ジョン・スタインベック、チャールズ・ディケンズ、フョードル・ドストエフスキー、マーク・トウェイン、ジェーン・オースティン、ウィリアム・シェイクスピアなど。これらの作家は普遍的な人類の体験を描くと見られ、読者の共感が得られることを前提として読まれている。一方、多様性を推し進める多文化作家週間《マルチカルチュラル・オーサーズ・ウィーク》や黒人の歴史月間《ブラック・ヒストリー・マンス》といったイベントのときに読まれる作家について考えてみよう。マヤ・アンジェロウ、トニ・モリスン、ジェームズ・ボールドウィン、エイミー・タン、サンドラ・シスネロスなど。私たちは、黒人やアジア人の考え方を知ろうとしてこうした作家を読むのであって、たとえばトニ・モリスンは普通の作家としてではなく、いつも黒人の作家と見なされている。黒人やアジア人の視点を求めていない場合は、白人の作家へと戻っていく。それは白人が正しい人間で、非白人は特別な（人種化された）人間だという考えを強化するものなのだ。さらに、人種化（あるいは性差別化）された作家には課題や特定の視点が求められるが、白人（男性）の作家には求められることがない。

実際、あらゆる人間の描き方は白人の規範とイメージに基づいている。「肌色」の化粧品、絵文字のスタンダード、アダムとイブやイエスとマリアの描写、教育用の人体模型も白い肌で青い目だ。[8] イギリスの新聞デイリー・メールに掲載されて広く配布されたある一枚の写真を例にとってみよう。それは金髪で青い目の白人女性の写真で、「科学的観点から見た完璧な顔とはどんな顔だろう?」というキャプションが添えられていた。さらに写真の下には「これが完璧な顔なのか？」という質問も添えられている。[9] この例は本書で述べてきた考えをいくつも実証しているのだ。それは、白人の人種枠《レイシャル・フレーム》、人間の標準としての白人性、理想美としての白人性、白人性の必然的な優越性などである。この新聞の質問の根底にある考えそのものに、人種上の問題があるだけではない。これは、前時代的な科学に基づくレイシズムという文脈に頼り、それを促進しているものなのだ。

子どもの発達段階の典型モデルを見ても、私たちの文化が子どもというものを集団として捉えていることがわかる。理論家たちは人間の発達段階をみな普遍的なものであるかのように示す。ときたま、男子と女子に分けられることもあるが、それでも、男子のカテゴリーにはすべての男子、女子のカテゴリーにはすべての女子が含められている。ここまで本書で述べてきたあらゆる力学について考えてみてほしい。アジア人や先住民の子どもの発達は、白人至上主義の白人の子どもの発達と、果たして同じでよいのだろうか？

白人の結束

白人の結束とは特権を守るための白人同士の暗黙の合意である。白人のだれかが人種をめぐり問題含みなことを言ったり行ったりしても非難せず、その白人が人種をめぐる気まずさを感じないようにする暗黙の合意なのだ。教育研究者クリスティン・スリーターは、この結束を白人の「人種をめぐる絆《レイシャル・ボンド》」と説明している。白人同士が交流する際、「非白人集団に関する特定の解釈を正当化し、「我々と彼ら」という陰謀めいた境界線を引くことによって、人種問題に関して自分たちが同じ立場であること」を確認し合っているという見立てを述べている。[10] 白人の結束に求められるのは、白人という立場の特権が表面化するすべてのことについて沈黙すること、白人至上主義を守るために人種として団結し続けるという暗黙の合意である。白人の結束を壊すことは、社会の階層を壊すことに他ならない。

　白人の結束は、ディナーの席でも、パーティでも、職場でも見られる。親戚が多く集まる食事会で「ボブおじさん」が人種にかかわる侮辱的なことを言うというのは、私たちのだれもが経験した光景だろう。そこにいた家族はみな凍りつくが、ディナーを台無しにしたくないのでだれひとり、おじさんに抗議しない。パーティでだれかが人種差別的なジョークを言ってもみんなは黙ったまま、という場面もよくあるだろう。それは、「公正ぶった堅苦しいやつだ」と責められたり、「もっと気楽に行こうよ」などと言われたくないからだ。職場でも同じ理由から、人種差別的な言動を指摘することが避けられる。よいチームプレイヤーだと思われたいとか、昇進に影響しそうなことは何でも避けたいという気持ちもある。こうしたよく見られるシナリオはどれも白人の結束と言える（そもそもレイシズムについて話すことがなぜ雰囲気を壊したり、昇進を妨げたりするかについて話し合うべきではないだろうか）。

　白人の結束を壊そうとすること自体が、実は白人の結束を維持する基本的な役割になってしまっている。白人仲間から批判や罰を受けたり、公正さを掲げることを非難されたり、ユーモアを解さない好戦的な熱いやつで組織で昇進するには相応しくないと思われるかもしれない。

私の場合のペナルティは、社会的抑圧という形で現れた。私は対立を避けて周囲に好かれたいと思うようになり、黙ることを何度も選択するようになった。

反対にレイシズムについて何も言わなければ、楽しくて協調性のあるチームプレイヤーだという社会的資産を与えられた。気づいてほしいのは、白人至上主義の社会でレイシズムを是正しようとしなかったことで私は報酬を得、是正しようとすれば多かれ少なかれ何らかの罰を受けただろうということだ。少なくとも差別的なジョークを言ったのは自分ではないから、悪いのは自分じゃないと自分に言い聞かせて、沈黙を保つことを正当化することもできる。しかし、私の沈黙は無害ではない。なぜなら沈黙によって人種ヒエラルキーと、その中での自分の立場が守られ維持されることになるからだ。人種にかかわるジョークをやり過ごすたびに、さらにレイシズムを文化に浸透させてしまう。ジョークが広まっていくかどうかは、私という共犯者次第なのだ。

非白人はこうした白人の結束をレイシズムという形で確かに体験している。それなのに白人たちは互いに説明責任を負わせようとしないし、レイシズムを目撃しても抗議しないし、人種をめぐる社会正義を求めて苦悩する非白人を支えようともしないのだ。

古き良き時代

白人の私は、おおっぴらに臆面もなく「古き良き時代」の思い出にふけることができる。過去を美化し、昔に戻りたいなどと言えるのは白人の特権であり、アメリカの人種の歴史に無関心なことを明白に示している。昔の社会の方が今より優れていたと主張することも、白人至上主義の顕著な特徴なのだ。非白人の観点から、過去の時代について考えてみよう。二四六年にもわたる残酷な奴隷制度。白人男性による黒人女性のレイプは快楽目的だけでなく、奴隷をさらに増やすために行われた。黒人の子どもは人身売買された。先住民は大量虐殺が試みられた。インディアン強制移住法や保留地の問題もある。奴隷労働、リンチ殺人、暴徒による暴力、小作制度、中国人排斥法、日系人強制収容、ジム・クロウ法による強制的な人種隔離、黒人法《ブラック・コード》、黒人が陪審員になることや選挙投票を禁じた法律、無償で働かせるための収監、断種手術と人体実験、雇用差別、教育差別、劣悪な学校制度、不公平な法律と警察による不公平な行為、住宅ローンの融資差別とサブプライム・ローン、大量投獄、メディアの人種差別的表現、文化の抹消、攻撃、侮辱、語られることのないゆがんだ歴史……こうしたことから、いかに美化された過去が白人だけによってつくられているかがわかる。そしてこれは、深く内面化された優越感と権利意識、非白人を進歩させることは白人の権利の侵害になるという意識に訴えかける強力な構築物でもあるのだ。

昔は白人（そして特に白人男性）にとって素晴らしい時代だった。彼らの立場が主に脅かされることはなかったからだ。白人の立場を疑問視するだけで白人の心の脆さを呼び起こし、トランプがそれにつけこんでいたことに気づかなくてはならない。白人の心の脆さの力を理解するためにこそ、それが必要なのだ。白人エリート層が実際に力を失ったことはない。常に制度を支配し、大差をつけて支配し続けている。世界で最も裕福な五〇人のうち、二九人がアメリカ人である。二九人はすべて白人で、そのうち女性は二人だけだ（二人の女性のうち、ローレン・ジョブスは夫の財産を、アリス・ワルトンは父親の財産を相続している）。

同様に、ブルーカラーの分野でトップの地位（監督、労働組合指導者、消防署長、警察署長等）につくのはいつも労働者階級の白人だ。グローバル化や労働者の権利の衰退が白人労働者階級に大きなショックを与えたときにも、白人エリートたちが労働者階級の白人による反感を非白人に向けさせることができたのは、白人の心の脆さによるところのものだ。反感は明らかに間違った方向へ向けられている。経済を支配し、人類史上、富を最も少数の（白人の）手に集中させているのは、他でもない白人のエリートたちなのだから。

富の分配に関するデータを見てみよう。

- 二〇一五年以来、たった一％の富裕層が、世界中の九九％の総資産よりも多くの富を有してきた[11]
- 世界で最も貧しい国々を合わせた総資産の半分と同等の富を八人の男性が独占している
- 一九八八年から二〇一一年の間に、最も貧しい一〇％の人々の収入は年間三ドル以下の上昇にとどまったが、最も裕福な一％の収入は年間で一八二倍にもなった
- ブルームバーグ社が実施した二〇一四年の世界長者番付トップ五〇〇のデイリー・ランキングによれば、世界三大富豪（ビル・ゲイツ、ウォーレン・バフェット、ジェフ・ベゾス）

は皆アメリカの白人男性で、それぞれの純資産が八五〇億ドル、七九〇億ドル、七三〇億ドルとなっている[12]一方、二〇一五年度のスリランカのGDP（国内総生産）は八二〇億ドル、ルクセンブルクは五八〇億ドル、アイスランドは一六〇億ドルであった[13]

- 世界で最も裕福な一〇人のうち、九人は白人男性である[14]
- 二〇一五～一六年の世界トップ一〇企業の収益は、一八〇カ国の国家収益を合わせた額を超えている
- アメリカ合衆国では、過去三〇年の間に、収入の少ない人口五〇%の収入増加は〇%であったのに対して、トップ一%の収入は三〇〇%増加した

「アメリカを再び偉大な国に《メイク・アメリカ・グレート・アゲイン》」の標語は白人による人種の操作に大いに役立った。白人の労働者階級の現状に対する責任を、白人エリートから、不法就労者や移民や中国人など多様な非白人へと転嫁したのだ。

過去の美化された「伝統的な」家族の価値観も、人種の観点から見れば問題だ。非白人が都市部へ流入し、彼らから逃れるために、白人家族は郊外へ引っ越した。これを社会学者は「白人の脱出《ホワイト・フライト》」と呼んでいる。彼らは、学校や近隣地域における人種隔離を維持し、異なる人種間の交際を禁じる条項をつくっていった。

強制バス通学やその他の学校の人種統合政策に、白人の親たちがどれほど強く反対したかを考えてみてほしい。最高裁の「ブラウン対教育委員会裁判」による画期的な判決で法廷は、人

種隔離は本質的に不平等であり、学校は「慎重にゆっくりと」レイシズムを撤廃しなくてはならないとした。地域による人種隔離の対策として、一つの地域から別の地域へ子どもたちをバス通学させることが、人種統合の主な政策となった（注目すべきなのは、概して白人の子どもが黒人の学校へ輸送されることはなく、黒人の子どもが主に白人の多い学校への長時間バス通学に耐えさせられたということだ）。マサチューセッツ州ロクスベリーの黒人生徒レジナ・ウィリアムズは、南ボストンの学校までバス通学をさせられた。白人ばかりだった学校での初日は「まるで戦場だった」と彼女は述べている。学校職員、政治家、法廷、メディアは、学校の人種統合に猛反対する白人の親たちの希望を優先した。統合に反対したのはいつも白人で、アフリカ系アメリカ人ではなかった。[15] 私たち白人が公言する価値観と、白人集団の日常とが一致することなど、ほとんどあり得ないのである。

過去の理想化は、白人の体験や考えを普遍的だとしてきたことの、少なくとも一例だと言えるだろう。こうしたノスタルジアは、アメリカの歴史を知る非白人にどう映るだろうか？　人種の歴史を抹消して、今より過去の方が「みんなにとって」よかったと実際に信じることができる能力——それが、個人としての私に、そして国民としての私に、誤った意識を叩き込んできたのだ。

白人は人種上無垢なのか

私たちは自分を人種として見ることも、白人の占める場所が人種化によって得られたところだとも教えられてこなかった。だから、自分たちの人種は無垢《イノセント》だと思っているのだ。「自分たちは人種隔離がなされた中で育ったので、人種から守られてきた」と白人が主張するのを聞いたことがある。そして（法的にも事実上も、何十年もの間、白人の地域に住むことを許されなかったために）人種隔離の中で育った非白人に、レイシズムについて学ぶことを押しつけているのだ。しかし同じ人種隔離の中で育ったのに、なぜ非白人だけが、人種上無垢でないと言えるのか？　白人の行った人種隔離には悪意がないのか、読者によく考えてほしい。

非白人は人種上無垢とは見なされない。そのため人種について語る（それも白人の都合に合わせて）のは非白人の側であるべきだと思われているのだ。非白人が自分の体験を語るときには、それを無効化されたり報復を招いたりといった実際上のリスクが生じる。しかし、それを白人がリラックスして聞いていられるのは、レイシズムは白人の問題ではないという考え方のせいなのだ。私たちには非白人のように、異人種間のリスクを冒すことが求められてはいない。人種を持つのは私たちではなく、彼らの方なのだから、人種の知識があるのは彼らの側であるべきだ。こうして、我々は自らを社会関係のヒエラルキーの外に位置づけているのだ。

白人の脱出も、人種上の白人の無垢さにおける別の側面を示すものかもしれない。それは、非白人（特に黒人）は犯罪を犯しやすく、黒人が地域に「増えすぎる」と、犯罪が増え、家の価値が下がり、地域が悪化すると信じることで、白人の脱出を正当化させることがよくあるからだ。ヘザー・ジョンソンとトマス・シャピロという二人の社会学者による人種と犯罪の関係の研究から、白人家族が常日頃から犯罪の恐ろしさについて話し合い、犯罪と非白人を結びつけていることがわかる。地域に非白人（特に黒人とラティーノ）が増えれば、そこはより危険な地域と見なされると考えるのだ。国勢調査のデータと、警察の犯罪統計を照らし合わせた調査では、非白人と犯罪率の関連は見られなかったが、それでも白人の恐怖感が収まるわけではない。大多数の白人は、地域に非白人の若者が増えれば犯罪レベルも上がると、両者を直接結びつけて考えているのだ[16]。

白人に深く根付いた黒人と犯罪との関連づけが現実を捻じ曲げ、どちらがどちらに危害を加えてきたかという史実を歪曲している。白人による広範囲に及ぶ残虐で明白な暴力行為と、イデオロギー的に正当化された白人による行為の膨大な歴史は、白人が人種上無垢であるという主張によってすべて矮小化されてしまった。何世紀にもわたって、そして今も振りかざし続けている権力の実態が、こうして不透明になってしまったのだ。

白人と同じことをしていても、黒人とラティーノは警察に呼び止められることが多い。同じ罪を犯しても、彼らが白人より厳しい判決を受けてきたことには十分な裏づけがある。判事やその他の人が犯罪行為の原因についてどう考えるかが人種格差の主な理由となっていることも、リサーチによって示されている[17]。たとえば、白人少年の犯罪行為には外的な原因があると思われることが多い。ひとり親の家庭で育ったり、つらいことが起きている最中だったり、偶然まずい場所にまずい時に居合わせただけだったり、学校でいじめられていたり、というような原因が憶測される。行動の原因を外的要素に結びつけることによって罪を犯した人間の責任が軽くなり、犯罪者自身も被害者に類別される。しかし、黒人やラティーノの青年はこうした思いやりを受けることができない。

黒人とラティーノの青年が判事の前に立つとき、彼らの犯罪の理由は、より内的なものだと見なされることが多い。そもそも犯罪に染まりやすいとか、凶暴だとか、良心の呵責がないと思われるのだ（同様に、二〇一六年の研究によればアンケートに答えた医学生と研修医の半数が、黒人は痛みを比較的感じないと信じていると答えている）[18]。白人は非白人には与えられない、「疑わしきは罰せず」という恩恵を享受し続けている。白人であることだけが無実を作り出す手助けとなるのだ。

私たちは人種をめぐる白人の意識を高めようと努力しているが、白人であること自体が特権だと認めさせるだけでも大仕事なのだ。その原因は根深い自己防衛、否定、抵抗などだ。特権を認めるのは第一歩でしかない。しかし特権を認識することが、逆にそれを意味のないものにし、さらなる責任から自分たちを除外するために使われる可能性もある。たとえば、「肌の色が白いというだけで特権があるというのか」と白人が否定的に言うのをよく聞くが、そうした言い方は特権がまるで偶然の出来事であり、生きていく上でたまたまそうなっているだけのことで、自分たちには関係もなければ、共犯意識もないと言っているようなのだ。

批判的人種理論の研究者であるズース・レオナードは、白人が無意識に享受するものとしての白人特権という考え方を批判している。彼はこの考え方が示唆しているのは、承諾もしていないのに、気づかないうちに他人がポケットにどんどんお金を入れ続けてくれる人生を歩むようなものだと言う。こうした概念化によって、白人の特権は無実化していく。レオナードはこれを批判してこう述べている。「白人種の覇権が日常生活に染み込むためには、非白人を権力下に置く支配、支配的行為、支配の決定、支配の規則などによる白人支配が保障されていなくてはならない」[19]。特権というものが白人に単に手渡されるものだという考え方は、積極的かつ消極的に、意識的かつ無意識に維持し続けなくてはならないレイシズムの制度的な面を曖昧にするものである。

　非白人からレイシズムについて教えてもらおうと期待するのも、人種をめぐる白人の無邪気《イノセンス》さの一つの表れであり、人種をめぐるいくつもの問題含みの決めつけを強化するものでしかない。その一つ目は、レイシズムは非白人にかかわるものであって、白人には関係がないので、それについて知識を求められる必要はない、という思い込みである。この枠組みは、レイシズムが双方の集団がかかわる関係性であることを否定している。人種問題と闘うことを非白人だけに任せてしまうことは、率直に人種について話すことの緊張感や社会的な危険性を非白人だけに押しつけることだ。白人たちはリスクを無視し、自分たちの過失について答えようともしないのだ。

　二つ目に、この要求は白人には何も求めずに、白人のすべきことを非白人に強制することで不平等な力関係をさらに強めるものだということである。この問題に関する豊富な資料を、非白人は喜んで共有してくれるだろう。私たちは、なぜもっと以前にそれを求めようとしなかったのだろうか？

三つ目は、この要求が人種関係の歴史を無視していることである。彼らが、レイシズムが何であるかを私たちに伝えようとしても、どれほど頻繁にはねつけられてきたことか。信頼関係を築かずに、そして自分の脆さを認めて歩み寄ることをせずに、彼らのレイシズムの体験を話してほしいと頼むことは、すなわち、我々が人種を認識していないと示すことに他ならない。こんな対話は彼らにとっておそらく意味がないものだろう。

隔離された生活

一九六五年の対談番組で、ジェームズ・ボールドウィンはエール大学教授から、いつも人種にこだわりすぎると責められたことに対して、次のように激しく反論した。

白人のキリスト教信者がニグロを嫌悪しているかどうかは知りませんが、白人のキリスト教会と黒人のキリスト教会が別々に存在していることは明白です。アメリカの日常で最も隔離がされているのは、日曜日の真昼［教会に行く時間］なのです……労働組合や労働組合長が本当に私を嫌っているかどうかはわかりませんが……私は彼らの組合に入ってはいません。不動産の業界団体が黒人に反感を持っているかどうかは知りませんが、不動産業界のロビイストが我々をスラム街に閉じ込めていることは、はっきりしています。教育委員会が黒人を嫌っているかどうかはわからなくても、彼らが私の子どもに与える教科書や、通わせられる学校については、よくわかっています。これが証拠ですよ。あなたは、私が見たこともない理想主義がアメリカにあると断言して、私の信念……私の人生……を危険にさらそうとしているのですか？[20]

アメリカの生活は人種隔離によって巧妙に成り立っている。すべての人種集団の中で人種隔離を望むことが最も多いのは白人であり、白人はそれができる社会的経済的立場にある集団だと言える。[21]（学校、職場、地域社会、買い物をする地域、信仰の場、娯楽、社交等の面で）人種隔離がなされた社会で育つと、自分たち白人の体験や考えだけが重要だというメッセージが強化されてしまう。非白人が周囲にいなくても、ほとんどの大人は人種の多様性に欠けていることを問題視しない。実際、地域社会の良し悪しはいつも人種に基づいて決められる。それには、白人社会の中の経済的な境界線もかかわっているが、黒人やラティーノの生徒が多数（白人が感じるところの「多数」）通う学校は、白人から見ると悪い学校なのだ。もし周囲に非白人がいたとしても、人種を超えた関係の構築が奨励されることはめったにない。

都市部の貧しい白人が住む地域では、人種隔離が比較的見られない。白人の貧困層は非白人の近くに住んだり、彼らと交流したりすることがあるが、それは、貧困によって白人が非白人の近隣に移ってきたからで、これは、（中産階級化政策によって人種統合が一時的に行われる以外は）郊外や中流階級には見られないことである。都市部の下層階級の白人は、日常的なミクロレベルで見れば人種が統合された生活を送っていると言えるが、そこには、成功すれば貧困地域や学校から抜け出せるというメッセージが存在し続けている。上昇志向こそがアメリカ社会の階級的な目標であり、上昇するにしたがって、明らかに社会環境に白人が多くなる。より白い環境がより好ましいと考えられるのだ。

下層階級で上昇志向の白人にとって、社会で最も価値のある場所にたどり着こうとすることは、非白人の友人やその住む地域から離れることを意味する。たとえば私は、都市部の貧しい環境で育った。賃貸住宅のひしめく地域のアパートに住んでいたので、子どもの頃、周囲には非白人がたくさんいた。しかし、生活を向上させるためには、その地域で暮らしていてはだめだとわかっていた。上昇志向が私をより白い場所へ誘い、実際にたどり着くことができた。子ども時代の非白人との交流は続けられなかったし、私を指導してくれた人は、だれひとりとして、それを奨励しなかった。しかし、より広い社会的な意味において、人種隔離はまだ私の人生に影響を与えていた。人種隔離が私に、よい人生を送りたければ、学校で何を学びどんな本を読むべきか、テレビで何を見ればいいか、どんな価値観を持つべきかといったことを示唆してきたのだ。

能力主義はアメリカ合衆国の重要なイデオロギーだが、地域社会や学校において人種隔離がなされ不平等であることは歴然としている。学校区によって、課税基準、学校の資本、カリキュラム、教科書、課外活動の機会、教師の質などが大きく異なっている。アメリカの学校がひどく不平等なことに気づかない人などいないはずだ。他者を犠牲にしてきた制度を白人自身が変えようと、関心を示して努力しない限り、特権は次の世代へと受け継がれていくだけだろう。全員にとって平等になるように公教育制度の条件を変えようとしないことで白人は、自分の子どもには到底耐えられないような状況で、非白人の子どもたちが我慢しているのをただ見過ごしているのだ。

二〇〇九年にアメリカン・ジャーナル・オブ・エデュケーション誌に発表された研究によれば、ほぼ白人ばかりの郊外に住む親は、テストスコアで子どもの学校を選ぶと言っているが、実際は、人種の割合が学校選択により大きな役割を果たしているという。コロンビア大学教員養成学部で社会学と教育学を教えるエイミー・スチュアート・ウェルズ教授は、ニューヨーク市で白人が子どもの学校を選ぶときにも同じことが暗黙に行われていると言う。彼女はこう述べている。「ポスト・レイシズムの時代には、建物の中の子どもたちの人種や肌の色が決め手になっていると言う必要はありません。……貧困や非白人の子どもたちに目を向けたとしても、実際には彼らの学校を支えたり持続させたりするための資本が与えられないのです。すると黒人の子どもばかりの学校になってしまう。そして「あら、ひどいテストスコアじゃないの！」と言いさえすればいいわけです。本当に巧妙な制度ではないでしょうか[22]」。読者も、学校や地域についてこんな会話が交わされるのを聞いたことがあるはずだ。そして、それが暗黙に人種を指していることもわかるはずだ。「都市部」「低いテストスコア」といった言葉は、「非白人」を指す暗号として、「好ましくない」という意味で使われているのだ。

多くの白人は、非白人が多少なりとも住んでいる地域を、望ましくないとか、危険だとかと考えている。しかしこれを、別の視点から見てみよう。学校や地域社会で、自分がごく少数の非白人の一人でいることが、どれほどつらい体験かと言う非白人が実にたくさんいる。非白人の親は優秀な白人の学校に子どもを入れることで子どもが有利になるようにと願うわけだが、同時に子どもにとってそれがストレスや危険につながらないかと心配するのだ。非白人の親たちは、優秀な白人の教師たちが、非白人の子どもについてほとんど何の正しい知識も持っていないことも知っている。非白人の生徒を劣っているとか、怖いとすら思うように（多くの場合、無意識に）教師たちも社会化されているのだ。白人の親にとって素晴らしい学校が、非白人の親には危険に思えることを想像してみてほしい。

人種隔離の最も重要なメッセージは、私たちの生活から非白人がいなくなっても、それは大したロスにはならないということなのかもしれない。私を愛してくれた人や指導してくれた人、教師の中にさえも、人種隔離によって価値のあるものが失われると教えてくれた人は、だれひとりいなかった。私は非白人の友人や非白人の家族を持たずに生涯を終えられるだろうし、それが私の人生にとってマイナスだと思うこともなかったかもしれない。実際、私の人生の軌跡をたどると、私の人生には確かに、ほとんど非白人がいなかった。学生時代に入るスポーツ部によっては、何人かの非白人と出会えたかもしれないし、クラスに一人か二人は非白人がいたかもしれない。しかし、それ以外では非白人に近づくこと、まして本物の交流をすることなどはできなかっただろう。子どもの頃に非白人の友人がいた白人でも、大人になってからも友情関係が続いている人は稀なのだ。しかし、もし私の両親が、人種を超えた関係が私にとって有益だと思ったら、努力してでも確実にそれが得られるようにできたはずだ。その努力は、白人の親が町の向こうのよりよい白人の学校へ子どもをやるために払う努力と変わらないはずだ。

人種隔離によって、失うものは何もないと私たち白人は教えられてきた。少し立ち止まって、このメッセージの深さを考えてみてほしい。人種隔離がよいことだと、白人の子どもたちに、そして非白人の子どもたちにも伝えているという事実について考えてみてほしい。

要するに、私たちが受けた社会化が、人種をめぐるパターン化した考え方を発生させたのだ。そして、次のようなパターンが基礎となって白人の心の脆さが生じるのだ。

- 人種隔離を好み、隔離によって失うものに気づかない
- レイシズムについて理解できない
- 人種を通じた社会化の圧力を受けず、自分を一個人だと考える
- 自分たちの集団の歴史が重要で、それだけしか語っていないことに気づかない
- だれもが、自分たちと同じ体験ができると思い込む
- 人種に対する謙虚さがなく、耳を傾けようとしない
- 理解できないことをはねつける
- 非白人の考えを真に知ろうとしない
- 個人的な困難を乗り越えて「解決」しようとする
- 意見の相違と、無理解とを混同している
- 体面を保ち、見栄えのいいように、白人同士の結束維持を必要とする

- 無力であることや活動しようとしないことへの罪悪感を持つ
- 何らかのレイシズムにかかわっていると示唆されると、自己弁護をする
- 及ぼした結果にではなく、意図にこだわる

私の心理社会面での成長は、白人至上主義の文化の中で植えつけられたものだ。そこで私は上級の集団に属していた。だれにでも同じように接しなさいと教えても、この社会化をくつがえすまでには至らないし、人間として不可能でもある。私は、非白人がいなくても失うものはないと教える社会で育った。非白人の不在を求め、それを維持することが好ましく望ましいと教えながらも、同時にそんなことは教えていないと否定するような社会で育ったのだ。こうした態度が私のアイデンティティのすべてを形作ったと言える。私の興味や関心事、価値観、見えるものと見えないもの、引かれるものと退けられるもの、何を当たり前と思うか、どこに行けるか、他者の私への反応、そして何を無視できるのか、といったすべてのことだ。ほとんどの白人は、レイシズムや白人至上主義へと社会化されることを選ぼうとはしないだろう。しかし残念なことに、私たちにはその選択肢がなかったのだ。こうしたメッセージの伝わり方や内面化には様々な方法があるが、いかなる方法であっても、それが私たちにまるで届かなかったというわけではない。だからこそ、こうした社会化が私たちの日常にどう明確に現れるか、それが挑戦を受けたときにどのように私たちの応答を形作るのかといった問いに取り組んでいく責任が、今、私たちにあるのだ。

V　善／悪の二項対立

「彼はレイシストなんかじゃないよ。すごくいい人だもの」

この章では近代、レイシズムにおいておそらく最も都合のよい適応を遂げた善／悪の二項対立について述べていく。[1] 公民権運動以前は、白人に人種上の優越性があるという信念を公然と語ることが、社会的に受け入れられていた。ところが、公民権を求める抗議活動をする黒人が――女性や子どもまでもが――暴力を加えられている様子を見て、アメリカ北部諸州の白人たちはおののき、そうしたイメージがレイシストの典型となった。そして公民権運動後は、善良で道徳的な人であることと、レイシズムの共犯者であることとは、互いに相容れない関係となったのだ。よい人ならレイシズムに加わってはならない。悪い人だけがレイシストなのだから（さらに、一九六〇年代の公民権運動で南部の州に見られた黒人迫害のイメージにより、北部州の白人はレイシストを常に南部州の人だと位置づけるようになった）。

このような適応にまず必要だったのは、レイシズムを単純で個別的な、偏見による極端な行動だと限定することだった。それらは故意で悪意があり、人種を理由にした意識的な嫌悪に基づく行動でなくてはならない。レイシストとは、黒人をリンチにかけた木の下で笑顔でピクニックをする南部の白人たちや、水飲み場に「白人専用」というサインを掲げる店主や、エメット・ティル君〔第XI章参照〕のような無実の子どもを死ぬまで殴りつけた「南部の陽気な白人男たち」であった。言い換えれば、レイシストとは意地悪で、無知で、年老いた、教養のない南部の白人なのだ。一方、親切な善意の人や、心の広い中産階級の人や、「開かれた北部」で育った人は、レイシストであるはずがなかった。

レイシスト＝悪	**レイシストでない＝善**
無知	進歩的
偏屈	教養がある
偏見がある	公平
卑劣	善意
年寄り	若者
南部	北部

レイシズム＝悪と見なすことが前向きな変化に思えても、実際にそれがどう機能するかに注目しなくてはならない。このパラダイムで自分をレイシストだと示唆することは、道徳的な大打撃となり、いわば人格の抹殺になる。そんな攻撃を受けたら、人格の防衛に全エネルギーを

費やし、行動を反省するのではなく、ただ非難をそらせようとするだろう。こうして善／悪の二項対立のせいで、白人とレイシズムについて話し合うことが不可能になってしまうのだ。レイシズムとは何か、それがあらゆる白人をどう形作り、レイシズムへの関与を必然的に条件づけてきたのか、といったことについて話せなくなってしまう。こうした力学について話し合ったり、自分もその一部だと気づくことがなければ、レイシズムへの関与はやめられない。善／悪の二元論によって、平均的な白人がレイシズムを理解すること、ましてやそれを廃絶することは、事実上不可能になってしまったのだ。

アフリカ系アメリカ人の学者で映像作家のオモワーリ・アキンテュンデはこう述べている。「レイシズムは制度的、社会的、組織的に、広く認識レベルに埋め込まれた事象であり、我々のあらゆる現実の痕跡に浸透している。ほとんどの白人にとって、レイシズムは殺人のようなものだ。概念として存在しても、だれかがそれを犯さなければ現実にならない。レイシズムというくつもの層にわたる現象を単純化することは、実際、レイシズムの邪悪さを育て、レイシストを撲滅する代わりに、不滅のものにしている」[2]

善／悪の二項対立は誤った二分法だ。人種間の分断が深刻な社会では、人種を問わず、だれもが偏見を持っている。私は両親に、人はみな平等だと教えられたかもしれないし、非白人の友人がいるかもしれないし、人種差別的なジョークを言わないかもしれない。それでも、私はレイシズムが基盤となっている社会の一員として、レイシズムの力から影響を受けているのだ。私は白人と見なされ、白人として扱われ、白人として人生を歩む。アイデンティティも性格も興味も価値観も白人の観点で成長し、白人としての世界観と、白人としての準拠枠を持つことになるだろう。明らかに人種が重要課題である社会において、自分がどう形成されるかは自身の人種に深くかかわっている。この構図に抵抗しようとするのなら、レイシズムが自分の生活や周囲の社会でどれほど明確に現れているか、率直に考慮しなければならない。

人種差別的な行為が個別に起きることは確かだが、それは力関係の絡み合う、より大きな制度の一部に過ぎない。個別の出来事に焦点を合わせることで、この大きな制度に立ち向かうために必要な、個人的、相互的、文化的、歴史的、組織的な分析がごまかされてしまうのだ。レイシズムは冷酷な個人による意図的な行動だと単純に限定してしまうことこそ、ほぼすべての白人がレイシズムについて自己防衛的になることの根源だと言える。自己防衛の先に進むためには、このよくある信念を捨てなければならないのである。

善／悪の二元論は、明らかにレイシズムの構造的な性質を不透明にし、私たちが気づいたり理解したりするのを難しくしている。さらに、そうした世界観が私たちの行動に与える影響も、同様に問題なのだ。もし、私が一人の白人として、レイシズムを善／悪の二項対立的なものと捉え、自分を「レイシストではない」側に置いたとしたら、私にそれ以上何が求められるのだろう？　私はレイシストではないから、何もする必要がない。こうしてレイシズムは私の問題ではなくなり、心配することも、すべきこともなくなるだろう。この世界観によって、私はレイシズムについて批判的に考察するスキルを構築することも、自分の立場を使って人種不平等に立ち向かうこともなく済ませることができるのだ。

私が人種をめぐる社会正義のコンサルタントをしていたとき、毎日のように善／悪の二項対立が起きるのを経験した。私の仕事は、レイシズムが行動や結果にどう明確に表れるかということに個人や団体に気づいてもらうことだ。このことは、次のように一般論として話せば、問題なく受け止めてもらえる。「求人採用の必要条件として、経験よりも高い学歴を求めれば、あなた方が本当に必要な視点や経験を持つ一部の候補者を、自動的にふるい落としてしまうことになるでしょう」といったように。しかし、その場にいる人の明らかな人種差別的行為を指摘したとたん、白人の心の脆さ《ホワイト・フラジリティ》が噴出する。

あるとき、ある教育者グループと仕事をする機会があった。彼らは公立学校制度に属する、公平性支援チームの人々で、自分が勤める学校を平等なところにしたいと自由意志で参加しているし、それまでにもう八回以上、会合を重ねていた。その日、私は「日常の白人性《ホワイトネス》に気づこう」という一時間のプレゼンテーションを終えたところだった。これは、白人至上主義の執拗なメッセージを受け続けた結果、必然的にそれを内面化していることに気づいてもらおうというプレゼンテーションだ。教員たちは私の話をオープンに受け止め、理解し、多くの人がうなずいて同意を示していた。そのとき、一人の白人教師が手を挙げて、こんな話を披露したのだ。あるとき、彼女の学校の保護者グループが、生徒間の学力格差について道路脇で抗議していた。そこを彼女が車で通りかかると、一人の母親が「あんたには、あたしたちの子どものことなんかわかるはずねぇよ！」と車中の彼女に侮辱的な言葉を投げつけたと言うのだ。この母親を真似た彼女の口調から、それが黒人だということが私たちには理解できた。白人教師のまるで人種を愚弄するような物真似に、部屋中が一瞬息をひそめた。その教師の話の結論は、よく考えてみれば確かに、母親が言うように自分には黒人の生徒が理解できていないと気づいたこと、しかし感情的には、そんな決めつけをした母親に憤りを感じたということだったのだ。ところが聞き手にとっては、彼女が怒る黒人女性を型通りに真似たことの方が、感情的なショックが大きかった。

教師の話が終わりに差しかかり、私はどう対応するかを決めなくてはならなかった。この話のどこが人種上の問題を含んでいるかを、正直に指摘するべきだろうか？ 私が雇われたのは、文字通り、レイシズムを可視化するためではないか。それに、参加者の中にはアフリカ系アメリカ人の教師も数人いて、彼らはもちろん人種差別的なステレオタイプを強調されたことに気がついていた。これを見過ごすことは、レイシズムに対峙しようとせずに、むしろ白人の感情を守ろうとする白人がまた一人増えることにはならないか？ 人種をめぐる社会正義のコンサルタントと自称する白人がそんなことをしていいのか！ しかし、それによって私はこのグループを失ってしまうかもしれない。彼女はおそらく保身に走って黙り込んでしまうだろう。すると参加者が、彼女が私から不当な扱いを受けたと思う人と、そう思わない人とに二分されてしまうかもしれない。そこで私の下した決断は、自分の道義心とプロとしての率直さを保ちながら、他の白人のお手本になろうということだった。

私はできるだけ角が立たないように言った。「あなたは、そのことから重要な洞察を得たのですね。話してくれてありがとうございます。でもお願いしたいのは、もうそんな話し方をしないでほしいということです」

即座に抗議し始めた彼女を遮って、私は「これは学習のよい機会だと思います。心を開いて聞く努力をしてほしいと頼んでいるだけなのです」と言った。それから、彼女の話のどこが人種上の問題を含んでいたかを説明し、人種差別的なステレオタイプを強調しなくても、得たことを共有する方法があると彼女に伝えた。黒人の母親の口調を真似ずに、同じ話と同じ洞察を人々と共有できるのだと。

彼女は何度か私の話を遮って自己弁護しようとしたが、次第に話に耳を傾けてくれるようになった。それから少し経って、私たちのセッションは休憩に入った。アフリカ系アメリカ人の教師の何人かが私に礼を言いに来た。一人の白人教師も、私の介入の仕方が、白人の結束を崩すのに役立つ新鮮で望ましい方法だったと言ってくれた。しかし何人かの白人教師が、あの女性教師がとても腹を立ててもうグループから抜けると言っていると伝えに来た。

これが善／悪二元論の力がどのように白人の心の脆さに伝わるかを表す例なのだ。このセッションでは、レイシズムが社会に組み込まれていて、白人がその共犯者であることは否めないということが前提になっている。そこに参加した公平性支援チームの白人教師でさえも、自分のレイシズムが無意識に表れたことへの意見に耐えることができなかった。

もしあなたが白人で、人種差別的だと言われたら――たとえば人種差別的なジョークを言ったり、偏見に基づく思い込みをして、人にそれを指摘されたとしたら――自己防衛したくなるのはよくあることだろう。自分が悪い人だと言われたと思ったら、全エネルギーをかけてその可能性を打ち消し、なぜ自分の言動が人を傷つけたかをわかろうとせずに、自分を非難した相手の方が間違っていると示そうとするだろう。白人の心の脆さを使って反応するだろう。しかし、残念なことに白人の心の脆さでは、あなたがどうにかして自己防衛しようとしている問題行動しか庇《かば》うことができない。あなたが公平で、人種をめぐる問題含みの行動をとらない人だと実証することにはならないのだ。

　レイシズムとは個人による個々の意図的な悪意ある行為だ、というパラダイムが支配しているため、白人は自分の行動が人種差別的だと認識することができないだろう。たとえば、政府の役人や教師や公務員などが、ひどく人種差別的なことを言いながらも、自分はレイシストではないと主張している記事をよく見かける。ウェスト・ヴァージニア州の郡開発部の部長という高い地位にある公務員パメラ・ラムジー・テイラーが［二〇一六年選挙でトランプが勝利したあとに］、フェイスブックにミシェル・オバマ大統領夫人について人種差別的なコメントを書き込んで、停職処分を受けたのを覚えている読者も多いだろう（「ホワイトハウスに、またエレガントで美しくて気品あるファーストレディが戻ってくるのは、とても気分がいいわ。ハイヒールを履いたサルにはもう、飽き飽きよ」）。そしてなんと、当時の町長が「パムありがとう。おかげでいい一日になったわ」とコメントしたのだ［これによって町長も退任となった］。その後の大騒動に対して、テイラーは「私のコメントはレイシストであろうとしたものでは全くありません。ホワイトハウスが変わってうれしいと言っただけです！　このことで人を傷つけたとしたら、本当にごめんなさい！　私をよく知っている人たちは、私が決してレイシストなどではないとわかっています！」）。テイラーは停職になったが

（そしてしばらくして復職したが）、この一件で私には、白人の考えるレイシストの条件とは一体何だろうかという疑問が残った。

白人とレイシズムの話をすると、いつも善／悪の二元論に根ざした同じ主張が何度も繰り返される。その主張を大きく二つに区分してみた。どちらも、その人はいい人だからレイシストではない、という主張だ。その一つはカラーブラインドネスで、「私には肌の色なんか目に入らないから」（そして／あるいは、私にとって人種は何の意味も持たないから、私はレイシストではない）というもの。もう一つは多様性を重んじるという主張で、「私には非白人の知り合いがいるから」（そして／あるいは、非白人の近くに行ったことがあるから、そして／あるいは、非白人に対して大体好印象を持っているから、私はレイシストではない）というものだ。どちらも基本的には善／悪の二元化に根ざしたもので、私は大まかに二つに区分したが、これらは同じ意味で使うこともできるし、区別なく使われることも多い。理屈に合わなくても、ただ単に語り手をいい人だと見なせれば、それでいいのだ。レイシストではない。だからそれ以上話す必要はない、というわけだ。

カラーブラインドの言説は、人には人種が見えないし、見えたとしても、何の意味もない、と主張する。カラーブラインドの主張には次のようなものがある。

- すべての人に同様に接するように教えられた
- 自分には肌の色など見えない

- あなたがピンクでも紫でも水玉模様でもかまわない
- 人種は私にとって何の意味もない
- 両親がレイシストだった（ではなかった）から、私はレイシストではない
- だれにでも苦労はあるけど、努力さえすればいい
- だれそれはたまたま黒人だけど、これから話すことに人種は関係ない
- 人種に焦点を合わせるから分断が起きる
- 人種にかかわりなく、相手が私を尊重すれば私も相手を尊重する
- 今の子どもたちには本当に偏見がない
- 自分はカナダ人だからレイシストではない
- 私は白人だから／貧乏だったからいじめられた（だから人種上の特権などなかった）

二つ目の主張を私はカラー称賛《セレブレイト》と名づけた。これは、人種間の差異を見て、それを受け入れるというものだ。カラー称賛の主張には次のようなものがある。

- 私はとても多様性のある環境で働いている
- 親戚に非白人がいる／非白人と結婚した人がいる／非白人の子どもがいる
- 私は軍隊にいた
- 私はニューヨーク／ハワイに住んでいたことがある

- 近所が白人ばかりなのが嫌だったけど、子どもの学校のためにここに引っ越してきた
- 私は平和部隊でボランティアをしたことがある
- 六〇年代のデモ行進に参加した
- 中国から養子をもらった
- うちには色々な人種の孫がいる
- アフリカに仕事で派遣されていた
- とても多様性のある学校に通った／とても多様性のある地域に住んでいた
- 私は日本に住んだときにマイノリティだったから、その気持ちがわかる
- 私は〇〇の人たちの間で暮らしたので、自分は実際のところ非白人だった
- 私の曾祖母はアメリカ先住民のプリンセスだった

レイシズムの力学を解明するのに、まさにうってつけの質問方法を見つけた。それは「その主張は本当なのか嘘なのか？」という質問ではない。レイシズムほどのデリケートな問題は、本当か嘘かのような二択では決して折り合いをつけることができない。私は、「その主張は会話の中でどう機能しているだろうか？」と問いかけてみる。カラーブラインドとカラー称賛の二つに区分された主張にこの問いを当てはめてわかることは、これらの主張は結局、すべて同様の働きをするということだ。すなわち、語り手は問題に対する責任からも、問題への関与からも逃れられる。人種を問題視せずに、それ以上の探究への扉を（開けるのではなく）閉ざして

しまう。そしてそうすることによって、人種の現状が保たれていくのである。

人種をめぐるこうした典型的な白人の主張は、潜在的意図の枠組みに依存している。その枠組みを認識すれば、極端な人種隔離と不公平さという状況下で、どうしてそのような主張ができるのかを理解する助けになるだろう。

海面上に突き出た桟橋を思い浮かべよう。上から見ると、桟橋は浮いているように見えるだろう。私たちの目に見える桟橋の上部は、こうした主張の表面を表している。桟橋はいともたやすく浮いているように見えるが、実はもちろん、浮かんでいるわけではない。水面下に沈められた構造物によって持ち上げられているのだ。桟橋は、海底に埋め込まれた柱の上に乗っかっている。直接、水面下の柱が見えないのと同様に、人種をめぐる白人の主張を支える信念も、隠れていて自分には見えないのだ。桟橋を倒すには、柱のところまで行って引き抜かなくてはならない。

先に挙げた白人のどの主張も、自分がレイシストではないことを証明しようとするものだ。たとえば、レイシズムについて話し合っているときに、白人が自分の職場には多様性があるとか、親戚に非白人がいるとかと言えば、それは自分がレイシストでないと証明しようとしているのだ。もしもそれが証拠になるのなら、白人にとってレイシズムの定義は何だろうか？　どんな潜在的な意図によって、こうした主張が導かれるのだろうか？　非白人のそばで働くことがレイシストではない証拠なら、明らかにレイシストは非白人のそばでは働けないことになる。この主張は、意識的な不寛容さというレイシズムの定義に基づくもので、レイシストとは非白人を目にすることすら耐えられない人物だ、という考えから来ている。この理屈によれば、非白人と面識があったり職場を共有したりしている人、ニューヨークのように周りに非白人が多い場所に住んでいた人、非白人に話しかけたり笑いかけたりしたことがある人……そのような人はだれもレイシズムに関与しているはずがないということになる。しかし、こうした主張の根底には、語り手の浅はかさが見てとれる。なぜなら、公然と白人ナショナリストを名乗って、「血と土！」と民族主義的なイデオロギーを唱えながらおおっぴらにデモ行進をする人でも、非白人との交流をすることができるし、おそらく何らかの交流があるはずだからだ。私は黒人のレポーターが、公に白人至上主義者と自称する人たちにインタビューしているのを実際にテレビで見たことがあるが、どちらも穏やかに、互いを尊重し合って話していた。

　だれに対しても同様に接しなさいと教えられたと主張する人は、ただ単に社会化が理解できていないのだ。すべての人に同様に接することを教えるのは不可能だ。そう教えられてきた人が多くても、人間は客観的ではないので、それをうまく実行することはできない。それに、人にはそれぞれ異なったニーズがあるし、お互いの関係性も違うのだから、すべての人に同様に接することは、むしろしたくないことなのだ。相手によって対応を変えること自体は悪いことでない。たとえば私は、他の人には難なく読める書類であっても、目の悪い人には一二ポイントの大きさの文字で書いた書類を渡さない。問題なのは、間違った情報が広まって相手によって異なる不公平な扱いをしてしまうことなのだ。

　だれにでも同様に接するよう教えられたという白人の主張に対して、「素晴らしい！　この人は高い意識を持った白人だ！」という非白人が言うのを、私は聞いたことがない。むしろその逆だ。彼らは、あきれてその無知な白人を切り捨て、否認と無効化に根ざした白人との対話に備えてまたすぐに気持ちを引き締めるだけだ。

私たちの文化では、自分と「反対の」ジェンダーの人を好きになったとたんに、ジェンダー役割とジェンダーの条件づけが消滅するわけではない。私は自分を女性として認識し、男性と認識する人と結婚しているが、「私は男性と結婚しているから、ジェンダーフリーな生活を送っている」とは決して言えないだろう。私たちは、ジェンダーが非常に奥深い社会的構造であることを理解しているし、自分のジェンダーの役割や割り当てや表現によって、だれもが異なるジェンダー体験をしていることも、相手との関係が続く限りずっとその差異と闘い続けることもわかっている。それなのに人種に関しては、少しでも非白人を好きになれば、もうレイシズムには何のかかわりもないと主張している。もっと馬鹿げたことには、大都会で非白人たちの横を穏やかに歩くことができさえすれば、人種上の条件づけなど消滅してしまうと言い張ることもあるのだ。

レイシストとは、非白人と知り合いになったり一緒に仕事をしたり、非白人の間を歩いたりすることに耐えられない人だ、と決めつけるのは実に非常識だが、人種を超えた友人を全く持たない白人が多いことも悲しい現実だ。だから私たちは自分がレイシストでないと証明するために、薄弱な根拠に頼ろうとするのかもしれない。しかし、人種を超えた友人がいて、それをレイシストでないことの証明に使っていても、そこで引き起こされるのはやはり、レイシスト

＝悪、レイシストでない人＝善という二元論なのだ。そういった友人関係が、自分が「レイシストではない＝善」の側の人間である証拠だと思っている。しかし、社会一般におけるレイシズムの力学を、人種を超えた友情が阻止できるわけではない。その力学は弱まることなく働き続けるのだ。白人と非白人の友人が行動を共にしたとしても、白人は非白人の友人にはない特典を受ける。そうした友情が、内面化され社会で強化されたあらゆるメッセージを解消するわけでもない。実際、人種を超えた友情であっても、常にレイシズムは顔を出すのである。あなたの友情からレイシズムをなくすことはできない。私が会った非白人で、白人の友人との関係にレイシズムなど一切かかわらないと言える人はいなかった。より深い思慮と認識を持ち、意見を快く受け入れる白人もいるが、この社会において、レイシズムの力学から全く解き放された異人種間の関係は、存在し得ないのだ。

多くの白人は、非白人の友とレイシズムについて話し合うことや、非白人からレイシズムについて意見されることがなければ、そこにはレイシズムの問題など何もないと信じ込む。しかし、あなたと友人がレイシズムについて話さないからと言って、そこに問題がないとは言えない。実際、こうした沈黙は押しつけられた沈黙であって、レイシズムの一つの表れなのだ。はじめのうちは、白人の友人とレイシズムについて話そうとしたという非白人も多い。でも白人の友人が自己防衛的になったり、レイシズムを認めようとしなかったりするので、レイシズムの体験を共有することをやめたと言うのだ。友人同士の白人と非白人がレイシズムについて話し合わないのなら、その対話の欠如こそが人種を超える信頼の欠如を表していると言えよう。

善／悪の二元論はパワフルで不朽だ。よく耳にする白人の主張に対する反論を次に述べよう。こうした主張によって、どのように自分はレイシストではないとレッテルを貼り、人種問題への関与や責任から免除されようとしているかに気づいてほしい。

「あらゆる人に同様に接するように教えられた」

先にも述べたように、人間は一〇〇％客観的にはなれないから、他者を公平に扱うことなどだれにも学べないのだ。たとえば、「人を非難するのはよくない、なぜなら非難されたい人などいないからだ」と私があなたに何時間も説教することはできるかもしれない。「だって、あなただって非難されるのはいやでしょう？」といったように。しかし説教の後も、あなたはまだ人を批判し続けるだろう。非難しないことが不可能だからだ。自分の非難について見直したり、もっと軽く考えたりする努力はできるかもしれないが、全く非難しないことなどできるのか？　それは全くもって不可能だ。あらゆる人を同様に扱うこともできない。だれにでも同様に接していると明言する人は、自分の価値観を述べているだけで、そう主張することによって、それより深い内省が止まってしまう。たとえば、暗黙の偏見の力について理解できれば、考えるのをやめるのではなく、むしろより深く熟考すべきだということがわかるだろう。深く考えても、私たちは無意識に他者を不公平に扱うことから逃れられない。しかし考えることは、頭から否定するよりは、ずっと解決に近づけてくれるはずだ。

「私は六〇年代、デモ行進に参加した」

一九六〇年代にデモ行進をしたと言う人も、非白人の知り合いがいるよと言う人も、何ら変わりはない。彼らはレイシズムというものを、人種をめぐる単なる不寛容だと解釈しているのだ（公民権運動で黒人と肩を並べてデモ行進をしたのだから、自分は不寛容ではないし、そんなはずもないと思うわけだ）。さらに彼らは、レイシズムは複雑でも不変でもないと信じているだろう。しかし一九六〇年代には私たちはまだ、人種は生物学的なものだと考えていたし、東洋人《オリエンタル》や有色人種《カラード》という言葉を使っていたではないか。それなのに、五〇年以上前に自分がとった行動によって、自分にはもう一生、人種について学ぶ必要がなくなったと考えるのだ。デモに参加したことによって、自分は人種差別的ではないし、これ以上話し合ったり考察したりする必要はないと思っている。さらに公民権運動のデモに参加した善意の白人は、たとえ無意識にであっても、決して黒人に差別感情などは持たないと思い込んでいるのだ。しかし、黒人の公民権運動家の証言は私たちに別のことを伝えている。一九六〇年代にデモ行進をした白人の一体何人が、アフリカ系アメリカ人と人種を超えた真の関係を築いていただろうか？

アメリカの北部の州にも確かに（そして今でも）人種隔離はあった。おそらく、はっきりした強制ではなくても、様々な方法によって暗黙の強制がされていたに違いない。黒人を救おうと南部へやって来た北部の白人の多くは、黒人を上から目線で支援したり、あるいは恩に着せるような態度をとったのではなかろうか？　話し合いを一方的にコントロールし、他者の意見を聞かず、何が一番よいのか自分にはわかっていると決めつけていたのではないか？　南部の黒人が耐えさせられてきたような、人種をめぐる問題含みなことを口にしなかっただろうか？　もし私がもっと前に生まれていたら、きっと六〇年代にデモ行進をしただろう。そして、それにもかかわらず、一九九〇年代になっても依然としてまだ人種差別的なことを言ったりしたりしていたことだろう。今の私は、もうそれほどあからさまな言動もしなくなったが、それでもまだ、全くしなくなったわけではない。一九六〇年代にデモに参加したからレイシストではないという主張は、レイシズム＝黒人に対する意識的な不寛容、という単純な定義に寄りかかっているに過ぎないのだ。

「自分は学校でマイノリティだった。だからレイシズムに遭ったのは自分だ」

どんな人種のどんな人にでも偏見はあるし、他の人種を差別することもあるかもしれない。しかしアメリカ合衆国や白人が植民地支配をした国々では、社会全体において、非白人を集団として抑圧する立場にあるのは白人だけだ。右記の主張は、特定の場所における特定の人種の割合によって差別の力の向きが流動的に変わるという考えに基づいている。ある状況で白人が数的にマイノリティであるために、時には酷いいじめを受けたとしても、その個人が遭っていたのは人種偏見と差別的待遇であって、レイシズムではない。この定義によってその白人の体験を過小評価しようとするわけではないが、言葉の意味を置き換えて本来の意味が失われることは防ぎたいので、用法は明確にしておきたい。

さらに言えば、一般社会はいまだに白人至上主義を強化し続けているし、だれもがその影響を学校で受けている。おそらく教師は白人の生徒の方を大切に扱い、高い期待を寄せるだろう。教科書もカリキュラムも、学校経営面においても、白人性《ホワイトネス》がまだ優先されているだろう。学校の外でも（そして社会の多くの面において）白人学生は社会を生きていく上で白人としての特権を与えられているのだ。

ほとんどの白人は、たとえ学校や地域社会においてマイノリティであっても、それは一時的なことでしかない。彼らが人種統合された場所や非白人が大多数のところから離れて上昇気流に乗れば、もう自分の環境においてマイノリティではなくなるだろう。

「両親はレイシストではなかった。だからそうならないように教育された」

あなたのレイシズムの定義は、人種偏見による個別の行為や、（反レイシストが主張するように）非白人を犠牲にして白人に利益を与える人種間不平等の制度かもしれない。それでも、両親があなたをレイシストにならないように教育することも、両親自身がレイシストではなかったことも、あり得ない。レイシズムにかかわらずに成長することが不可能なのは、レイシズムが文化と文化組織に組み込まれている社会制度だからなのだ。その制度の中で私たちは生まれたので、その制度から受ける影響について口をはさむ余地はない。確かに、子どもにレイシストにならないようにと教える親は多い。しかし私たちの日常生活の実践は、言葉よりも大きな力を持っているし、人種間の分断がなされた人生を送ることはその強力な実践となる。もちろん程度の差はあるし、レイシズムをよいこととしてではなく、誤りだと教えられる方がより前向きではあるが、それだけでは私たちを一般社会の文化の在り方から完璧に護るには十分ではないのだ。

右の主張の本意が「両親が人種偏見を持っていなかったので、偏見を持たないように教えられた」ということだとしても、まだ間違っている。人間が全く偏見を持たないことなどあり得ないからだ。そんなふうに言い換えたとしても、社会化のプロセスも、人間文化の避けられない力学も理解できていないことを表しているだけである。その人は、両親が「自分たちには偏見がない」と言ったので、両親には偏見がないと主張したのかもしれない。そして両親が子どもたちに偏見を持ってはいけないと教えた結果、子どもたちも親と同様に、自分の偏見を否認するようになったのかもしれない。親は、子どもが偏見を持たずに育つよう心から望み、信じてきたかもしれない。しかし、人間に全く偏見を持たないように教えることはできない。人間の脳は他者についての情報を処理するときに、偏見のない働き方をしないからだ。私たちの多くが子どもに教えられるのは、偏見を認めないようにするということだけなのだ。明らかに人種差別的なことを言わないように子どもを訓練する親は、子どもに自己検閲を教えているのであって、私たちすべてが吸収してきた深く組み込まれた人種上の含意を検証することを教えているのではない。理想的には、私たちは子どもに、偏見を否認するのではなくて、それに気づき立ち向かうことを教えたいものだ。

「今の子どもには偏見がない」

子どもたちには偏見がずっと少ないという主張についてだが、ここ二〇年の調査によれば、大体において子どもたちは、多くの人が思うよりずっと巧妙に人種ヒエラルキーを認識しているということがわかっている。[3] 人種について明確な対話をしなくても、子どもたちは環境から暗黙のメッセージと明白なメッセージを受け取って、それを内面化させているのだ。

たとえば、心理学研究者のマリア・モンテイロ、ダリラ・デフランサ、リカルド・ロドリゲスが六〜七歳と、九〜一〇歳の合計二八三人の白人児童を調査した研究がある。子どもたちに、白人と黒人の子どもにお金を分配するように指示したのだ。そしてその場に白人の大人が一緒にいる場合といない場合で、子どもの行動に影響が出るかどうかを調べた。そこでわかったのは、年少グループでは、大人がいてもいなくても、黒人の子どもに差別を働いたが、年長グループでは、大人がそばにいないときだけ、黒人の子どもを差別したことである。年長の子どもたちに人種偏見があることは明白で、それに従って行動するが、白人の大人がそばにいるときは、偏見を隠したということこの発見は重要だ。年齢が上がるにつれて人種偏見が少なくなるわけではなく、大人がいるところではレイシズムを隠すことを身につけたわけだ。[4] モンテイロたちの研究から、白人の三歳児にすら人種上の嫌悪感があることがわかった。それなのに、白人の親や教師のほとんどが、子どもはカラーブラインドだと信じているのだ[5]。この誤った信念によって、子どもたちにレイシズムについて正直に話したり、すでに子どもたちが目にしている不公平さがレイシズムによって作られていることについて一緒に考えたりする機会が失われているのである。

「人種は何の関係もない」

だれかが人種について話をするとき、こんな前置きをすることがよくある。「全然、人種には関係ないんだけどね……」「たまたまその人は黒人だったんだけどね……」。よく考えれば逆なのに、なぜこんな前置きをしなくてはならないのだろうか？　レイシスト＝悪、レイシストではない＝善という二元論が、こうした言葉に表れている。この二元論で考えれば、もしそれが人種にかかわりのある話だとすると、その語り手の話は人種を示唆していることになるので、すでにその人はカラーブラインドでもなければ、人種の枠外にいるわけでもない。さらに、もしそれが語り手と非白人の間の衝突についての話なら、語り手の言葉はレイシストのように聞こえ、すなわち悪い人であると思われるかもしれない。しかし、語り手がレイシズムを、私たちが一様に社会化されるシステムとして理解していれば、自分と非白人の衝突に人種が関与する側面があったことも理解できるはずだ。そうであれば、レイシズムを否認するようなことを言う必要などないはずだ。

私たちは人種の歴史を背負っている。個人主義というイデオロギーとは反対に、私たちは自分の属する集団と、前の時代に生きた祖先たちの代表なのだ。私たちのアイデンティティは特異でも生まれつきのものでもなく、社会化のプロセスによって構築され、つくられてきたものだ。さらに言えるのは、私たちの目は明確でも客観的でもない。人種というレンズを通して見ているのだ。人種は関係ないはずと言っても、レイシズムは、常に一定程度働いている。

「人種に焦点を合わせるから分断が起きる」

レイシズムについて話すこと自体が人種差別的だという考えは、どこかおかしいと私はいつも感じてきた。それは、人種なんて重要ではない、だからそれについて話すことは不当な重圧になるという考え方に根ざしているのだ。確かに毎日私たちが話していることの多くは、さほど重要ではないだろう。重要でないテーマだからこそ話しやすいと言える。私たちは人種がどれほど重要な問題なのか知っているのに、ここまで述べてきた多くの理由によって、その重要性を否定しなくてはならないと感じている。この否認が、白人が人種上の不平等な権力を保つ基盤となっているのは皮肉なことである。

異なる人種間の議論で、特に白人における人種上の権力が指摘されたときに、最も多くこうした反応が出てくるようだ。白人における人種上の権力を指摘することによって不和が生じると多くの白人は考える。彼らにとって問題は権力の不公平さそのものではなく、権力の不公平さを表すことだ。それによって調和という前提が崩れ、人種間の分断という現実が明るみに出ると言うのだ。

たとえ白人が人種間の差異や権力の力関係を認めないことで、実は人種間の不公平さが維持されているのだと非白人の参加者が繰り返し述べたとしても、白人の参加者は、違いについて話さないことこそが調和のために必要だと主張し続ける。異なる人種間で議論する目的は、人種をめぐる視点と体験の違いを探究することであるはずだ。それなのに、こうした違いの話になると多くの白人はたちまち、約束が破られたかのような反応を示すのだ。もっとも、白人の権力を指摘されることによって、白人の規範が侵害されることは確かではあるが。しかし、不平等な力関係を認識しなくては、それに対峙することはできない。

人種をめぐる現実の正しい探究を拒絶することで、互いの人種の体験が抹消（そして否認）されてしまう。話し合わないことによって相手の現実から目をそらせば、それが存在しないふりができるし、人種をめぐる経験はどちらも同じだと思い込むこともできるだろう。人種について語らなければ、私たちは集団としての社会化や集団体験から離れて、一人ひとりが特別な存在だという感覚を持ち続けることができる。ほとんどの白人にとってレイシズムの話をするのは居心地が悪いものだが、レイシズムを保持するのではなく、それに対峙するためには必要なことなのだ。レイシズムについての対話を避けるのは、間違った情報を持ち続けることであり、現状に立ち向かうために必要なスキルと視点の育成をはばむことだ。

結論として

一九六〇年代、またはそれ以前に生きた我々の多くは、いまだに、当時の公民権運動の衝突のイメージを、レイシズムの典型として抱き続けている。今日、私たちが持つレイシズムのイメージは、白人ナショナリストがヴァージニア州シャーロッツビルで行進する姿だ。こうした露骨な人種差別的な行動に反対の声を上げることが重大であると同時に、私たちはそのイメージを使って自分を間違った二元論の「善い」側に立たせないよう注意しなくてはならない。私は自分を連続体の一地点として考える方がよいと思っている。レイシズムがあまりにも深く社会に織り込まれているため、生涯、自分はその連続体から逃れられないと思うことだ。それでもそれに沿って先へ進み続けようとすることはできる。私は連続体の決まった位置に固定されているわけではない。その時々の実際の行為によって位置が決まってくる。自分は連続体の中で動き続けていると考えることで、自分への問いかけも変わっていくだろう。「私はレイシストなのか、そうではないのか」という自問から、「私は今の状況でレイシズムを積極的に阻止しようとしているだろうか」という建設的な質問へと。さらには、「どうすれば自分が、そうしているかどうかがわかるのか？」という、より重要な質問へと変わるだろう。

VI　反黒人性

人種関係、人種間の亀裂、人種間の平等、人種を適用したプロファイリング、白人の特権、そして白人優位でさえも——次のことを曖昧にする役目を果たしているんだ。人種主義が理屈抜きの体験であり、脳を打ち砕き、気道を塞ぎ、筋肉を引き裂き、臓器を引き抜き、骨を砕き、歯を折ることであるのを曖昧にする役目をね。お前は、絶対にそこから目をそらしてはいけないよ。お前はまた、いつでも心に留めておかなきゃならない。社会学、歴史、経済学、図式、図表、統計の「回帰」と何を動員しても、結局はひどい暴力となって肉体に降りかかってくるんだってことをね。

——タナハシ・コーツ『世界と僕のあいだに』（池田年穂訳）

レイシズムは複雑で微妙なものであり、その表明がすべての非白人集団にとって同様になされるわけではない。個人主義やカラーブラインドネスといったレイシズムのイデオロギーに挑むには、私たち白人が特異で人種の枠外だという考えを保留しなくてはならない。自分を個人としてしか見ないのは、支配における重要な特権の一つだが、白人種の集団としてのアイデンティティを探究することによって、それを阻止することができる。私たちは、白人を集団として捉えて議論しなくてはならない。たとえそうすることが不快であっても、それが自分を人種として捉えないアイデンティティを崩すためには必要なのだ。

人種の枠外で特別な個人と見なされたり（あるいは、自分をそのように見たり）する特権は、非白人にとっては当たり前のことではない。人種やレイシズムについて語るとき、白人たちというような定型化した言葉を使うのが白人自身にとって建設的なのは、個人主義を阻止するという意味があるからだ。しかし人種の定型化は非白人にとっては、集団としてのアイデンティティに焦点を合わせ続けることになるため、問題を増大させることにもなる。さらに、多くの人種集団を一つの包括的なカテゴリーに落とし込んでしまうため、異なる集団がレイシズムをどう体験しているかが見過ごされてしまう。非白人にとって、全体としてレイシズムの体験を持つ点は同じでも、それぞれの集団の歴史によって、様々な異なる体験をしているのだ。支配的な文化にどう順応してきたか、どのように描写されてきたか、他の非白人と比べてどのような地位に置かれてきたか、支配社会によってどのような「役割」を与えられてきたかによって、それぞれの人種集団の体験は異なる。たとえば私が内面化しているアジア系と先住民についての含意は異なっている。そうした含意に挑むカギは、彼らの違いを認識し、その違いが、様々な非白人集団についての私の考え方をどう形作ってきたかを知ることである。さらに言えば、人種カテゴリー内の無数の集団に対する私の考え方もそれぞれ異なっている。たとえば私の持つ日本人のステレオタイプと中国人のそれとは同じではないし、それによって反応も違ってくるのだ。

この章では、白人のアイデンティティに欠かせない特異なものとしての反黒人性《アンチ・ブラックネス》について述べていく。他の非白人集団に対するレイシズムを軽視しようというのではない。しかし私は、白人の頭の中にある人種上の究極的な「他者」は黒人だと考える。私たちはこの関係性に立ち向かわなくてはならない。なぜならそれが、白人の心の脆さ《ホワイト・フラジリティ》の根底にある、人種を通じた社会化の基盤となっているからだ。

読者にもう一度言っておきたいのは、私は社会的なレベルで白人について述べているということだ。私には心から大切にしている黒人の友人がいる。彼らと一緒にいるときに、嫌悪や軽蔑の気持ちを抑えようとする必要はない。彼らの人間性を見ているからだ。しかし、マクロレベルでは、子どもの時から叩き込まれてきた、深い反黒人の感情が自分にあることにも気づいている。実際に考えもせずに、黒人を一般化してしまうし、そうした感情がすぐに頭をもたげるのだ。道で見知らぬ黒人とすれ違うとき、メディアで黒人が典型的な描かれ方をしているとき、白人同士が遠回しな警告を発したりジョークを交わしたりしているときなどに、こうした感情が起こる。深いところにあるこの感情に向かって、私は進んで探究をしなくてはならないと思う。なぜなら無意識に、そんな感情が滲み出るかもしれないからだ。いや、実際にきっと滲み出て、大切な人たちを傷つけてしまっているかもしれないからだ。

これまでの章で述べてきたように、私たちは、白人至上主義という執拗なメッセージが渦巻く社会に生きている。そのメッセージは、黒人の劣性という過酷なメッセージと共存しているのだ。しかし、反黒人の感情は、私たちが吸収してきたネガティブなステレオタイプよりも根が深い。反黒人の感情は、白人のアイデンティティの基盤そのものだ。白人性は黒人性《ブラックネス》の上に立っている。第Ⅱ章で述べたように、アフリカの人々を奴隷化するための正当化が必要になるまでは、人種や白人という概念はなかった。黒人種という別の劣った人種を作り出すことにより、同時に白人の「優越性」がつくられたのだ。片方の概念なしには、もう片方は存在できなかった。その意味において、白人は黒人を必要としている。すなわち白人のアイデンティティをつくるには、黒人性が不可欠なのである。

白人は自分の中の見たくない側面を、自分自身から切り離して黒人に反映させていると述べる学者もいる。[1] たとえば、アフリカ人奴隷の白人所有者は、アフリカの人々が夜明けから日没まで骨折って働いていても、彼らを怠け者で子どもじみていると描写していた。現代では黒人は危険だと言われるが、これはこの国が始まって以来続いてきた白人と黒人の間の暴力の方向性をめぐる真実をゆがめるものだ。そうした描写が黒人に対する反感と嫌悪、そして自分たちの優越性を作り出したが、こうした感情はどれも道徳的に認められるものではないのだ。私が述べているのは、あくまでも集団としての白人の良心についてであることを忘れないでほしい。個人としての白人は、このような感情にはっきりとは気づいていないかもしれない。しかし私は、ほんのわずかな挑戦を受けただけで、たちまちそれが現れることによく驚かされる。

積極的差別是正措置《アファーマティブ・アクション》によって、自分たちは「不正義を被った」と憤っている白人がいつまでもいることについて考えてみよう。奴隷制度の終焉から現在に至るまで、非白人（特に黒人）

が雇用差別にあってきたことは実証されている。[2] そこで、差別状況を改善するために積極的差別是正措置というプログラムが一九六〇年代後半に制度化されたのだ。

積極的差別是正措置に関して、多くの誤った情報が流れている。それが顕著なのは特別な権利の解釈だ。たとえば、同じ仕事に非白人と白人が応募した場合、非白人を雇わなくてはならないと信じていたり、雇用に関して黒人が有利であったり、非白人を一定数雇うように決められていたりすると信じている人がよくいる。

しかし、これらは明らかに間違いである。積極的差別是正措置は、適正なマイノリティが、白人と同じ雇用機会を確実に得られるための方法なのだ。柔軟なプログラムであり、よく誤解されるような、一定数や必要条件は定められていない。さらに、発令当初は白人女性はプログラムの対象ではなかったが、実際に積極的差別是正措置の恩恵を最も受けたのは白人女性なのだ。企業が役員を選出するとき、白人女性や、優れた背景を持つ外国からの移民の非白人を好むことが多いのである。[3] 適正でない非白人を雇うことが要求されているわけではないが、適任の非白人を雇わなかった場合はその理由を明確化することが企業に求められている（実際に要求されることはめったにないが）。さらに、積極的差別是正措置は民間企業には課せられない。州や連邦政府の機関だけに適用されるのだ。

それでもこのプログラムは制度的に崩されていき、積極的差別是正措置を一切廃止した州もいくつかある。さらに、組織のリーダーシップに関して最も過小評価されているのは、依然としてアフリカ系アメリカ人である。二〇一八年には積極的優遇はほとんど取り壊されてしまった。しかしながら、私はこれからも、積極的優遇を問題視して憤慨する白人男性に遭遇し続けるだろう。私たち白人は、何世紀も続いた不正義をただすための、この威力のない試みが、自分たちにとってどれほど不公平かに怒り続けている。より多くの非白人を雇い入れ、働き続けてもらいたいと私にアドバイスを求める、経営陣の大半を白人が占める組織に、こうした憤慨が常に見られるのだ。

数多くのリサーチによって、「学校から刑務所への直行パイプライン」［マイノリティの子どもが学校を退学させられたり、卒業と同時に刑務所へ入れられるような制度。学校の警官配備、地方自治体の方針などが、マイノリティの若者に厳しすぎる制度をつくっていることを指す］から、大量投獄、白人による郊外への脱出《ホワイト・フライト》まで、アフリカ系アメリカ人に対する、白人の様々な見下しによる拒絶があることが証明されている。[4]たとえば意識調査によれば、ほとんどの白人は黒人が三〇％以下の地域を好み、半数以上の白人が三〇％以上黒人の住む地域には引っ越したくないと言う。実際の動向調査によって、この傾向が証明されているだけではない。白人がそれを控えめに言っていることも同時にわかっているのだ。白人による郊外への脱出は、白人中心だった地域の黒人の割合が七％を超えたり、黒人の家族が数軒以上になったりすると、白人の住居の需要が失われることによって引き起こされる[5]（これは、他の地域の家が高すぎて黒人の増えた地域にしか家が買えない場合を除いて、その地域における白人からの需要が消滅してしまうということである。一方、地域の高級化が進むと、黒人はそこから追い出されてしまう。ブルックリン、ハーレム、オークランド、シアトルといった都市がそのよい例だ）。

二〇一五年の全米社会学会の調査によれば、人種隔離のレベルが最も顕著なのは黒人と白人との間で、最も低いのはアジア系と白人との間、ラティーノと白人との間の隔離レベルはその中間である。白人の大多数は黒人と統合されたくないと思っている。それは信念の語り方や実際の生活の仕方にでている。

黒人の子ども（ましてや大人の黒人なら、なおのこと）がひどい目にあっても、それなりの理由があるに違いないと白人が決めつけ、あっという間にその思い込みを正当化してしまうことからも、反黒人性があるのがわかるだろう。しかし、もし白人の一〇代が教室で殴りつけられたり、白人の幼稚園児が手錠をかけられたり、公園でおもちゃの鉄砲で遊んでいた白人の子どもが射殺されたりするのを目にしたとしたら、それを正当化することなど想像もできないはずだ。ブラック・ライブズ・マター運動への直接的な反撃として、「オール・ライブズ・マター」［「すべての命は大切」。黒人の運動に対抗して白人がつくったフレーズ］や「ブルー・ライブズ・マター」［「警察官の命は大切」。同じく黒人の運動に対抗して白人がつくったフレーズで、青い制服の警官を指す］という反黒人性が出現した。さらには、白人ナショナリストや「オルトライト」の（ホワイトハウスと直接つながりのあった）運動を、こともあろうに一九六〇年代のブラック・パンサー党と比較するといった馬鹿げたことも行われたが、それもまた、反黒人性の表れである。反黒人性は、私たちがすべてにおいて黒人をより厳しく批判することからも見てとれる。さらには、アメリカ合衆国の大統領が、町を公然と行進するネオナチの白人至上主義者たちを――行進に抗議する人々の群れに車で突っ込んだ男のことまで――彼らに抗議する人々と人格において同等だと公に認めたことからも明白だ。タナハシ・コーツは「賠償請求訴訟」で、次のように述べている。

アメリカの初期経済は奴隷労働によってつくられた。国会議事堂もホワイトハウスも奴隷が建てたのだ。ジェームズ・K・ポーク第一一代大統領は、大統領執務室で奴隷の売買いをした。「黒人の病理」［黒人の犯罪率の高さや貧しさは、黒人という集団のステレオタイプの劣性によるものだという考え］は、権威者や知識人がつくり上げた黒人の家族形態への批判である。しかし、黒人である父親への拷問、黒人である母親が受けたレイプ、黒人である子どもの人身売買などを基盤にして建てられた国では、黒人の病理を嘆いても、ただうつろに響くだけだ。アメリカ合衆国と黒人家族の関係性を正直に評価すれば、この国がその関係を育てたのではなく、壊したことが明らかになる。そしてその破壊は奴隷制度が終わっても、まだ続いている。[6]

反黒人性は、間違った情報、作り話、曲解、思い込み、嘘などに根ざしている。歴史を理解していないことや、歴史の影響が今日までどう続いてきたかをたどる能力も、たどろうという気持ちさえないことも、反黒人性の根底にある。しかし最も強固な基盤となっているのは、白人がこれまでにしてきたこと、そして今もし続けていることに対する深い罪悪感なのだ。それは過去も今も、黒人に甚大な苦痛を与える共犯者であるという耐えがたい認識だ。拷問による様々な身体的、心理的なトラウマを耐え忍んできたのはアフリカ系アメリカ人だけだが、白人集団にも一種の道徳的トラウマが生まれているのだ。ソーシャルワーカーでセラピストのレズマ・メナケムは、『祖母の手』（*My Grandmother's Hands*）という画期的な著書の中で、白人至上主義を白い身体至上主義と呼び、白人至上主義は白人集団の体に蓄積された一種のトラウマだと述べている。「多くのアフリカ系アメリカ人にとってトラウマは身近なものだ。自分の神経を冒したトラウマ、大切な人の体験から得たトラウマがあり、そして多くの場合その両方がある。しかしトラウマを持つのはアフリカ系アメリカ人だけではない。形は違っても、同様の現実的な人種をめぐるトラウマが、ほとんどのアメリカ白人の体の中にも存在しているのだ」[7]。しかし白人は根拠のない推測によって、被害者の人間性を奪い、被害者自身のせいにすることで、このトラウマを葬り去ることができる。白人と同様の人間性が黒人にないのであれば、黒人への迫害は問題にならない。我々は無罪だ。彼らの方に罪があるのだ。彼らが悪いのなら、それは不公平などではない。実際、それは正義なのだ。

　白人は、黒人が罰せられることに対してある種の好奇心にも似た満足感を持つ。黒人をリンチにかけた場所で笑顔でピクニックを楽しむ白人は過去のものだが、現代でも、黒人の大量投獄や処刑を白人は認め、満足そうに眺めている。アフリカ系アメリカ人に苦痛を負わせるとき、白人集団が黒人の顔を見ながら歓喜し、黒人をサルやゴリラにたとえることからも、白人の正義というものがはっきり見える。鎮静剤《オピオイド》依存症の白人には同情心を見せて治療を施そうと呼びかけるが、コカイン中毒の黒人には強制的に有罪判決を下すのだ。「忘れ去られた」白人の労働者階級が［二〇一六年の］大統領選挙にとってどれほど重要だったか、それに比べて黒人にはいかに関心が寄せられなかったかにも、白人の正義が表れている。黒人は事実上、あらゆる社会的、経済的な評価において最下位であり続けるのだ。タナハシ・コーツが指摘するように、「苦役が課せられるのは黒人にとって正常な状態だが、白人にそれが起きると、白人の奴隷化への懸念が起きる」[8]。

　コーツは、白人は実際に自分が白いという誤った考えを持つ「夢」の中の「夢見る人」だと言う。私はこれを、白人は他の人が白くないときだけ白人になれる、すなわち白の反対の肌の色の人がいるときだけ白人になれるということだと解釈している。白人は偽りのアイデンティティであり、誤った優越主義者である。その意味で白人性は現実ではない。白人の夢は黒人に汚染されていない「完璧な世界」なのだ。白人がその世界を構築するために、黒人は国家暴力によって隔離されなくてはならない。しかし、それでも黒人の存在は必要だ。なぜなら白人が立ち上がるためには対抗するための他者が必要だからだ。このように白人のアイデンティティは、特に黒人の劣性という思い込みと、劣性の人々を抑圧することは集団としての白人にとって正当であるという思い込みに依存していると言える。

　単刀直入に言って、私は集団としての白人が黒人を憎むのは、基本的に黒人が白人にあることを思い起こさせるからだと思う。それは、自分たちには他者に対して計り知れないほどの危害を加えたり服従させたりして利益を得る力があるが、そのことについて罪悪感を感じているということなのだ。特に憎むのは、黒人の立場からあえて抜け出して我々白人と平等であると自信を持って私たちの目を見ることのできる「横柄で傲慢な」黒人である[9]。世代を超えて常に流布されるメッセージが、黒人には生まれつき価値がないという白人の信念に拍車をかけているのだ（黒人の労働を国ぐるみで搾取したことを考えると、これは実際、とんでもない信念である）。

こうしたメッセージは、レーガン大統領時代に、「福祉だまし」や「ウェルフェア・クィーン」〔社会福祉制度を悪用して福祉給付金などをだましとる女〕という物語で伝えられてきた。ＮＦＬ全米フットボールリーグの選手がアメリカ国歌が流れる最中に、警察の暴力に抗議をする正当な権利として地面に膝をついて抗議をしたことをコメンテーターが「不快だ」と非難したとき、ジョー・ウォルシュ前下院議員がスティービー・ワンダーを「不愉快な黒人の億万長者」と評したとき、そこには白人の正義が垣間見えた。ダラスのキリスト教福音派牧師で大統領のアドバイザーであったロバート・ジェフレスが、ＮＦＬ選手たちが警官によるアフリカ系アメリカ人への残忍な行為に抗議した際、「北朝鮮」のように銃で頭を撃ち抜かれないで済むことを神に感謝すべきだと主張したときも、そうである。シアトルでバーニー・サンダース上院議員のスピーチを聞きに集まった白人の進歩主義者たちに、黒人の活動家が、「ミズーリ州ファーガソンで武器を持たないにもかかわらず警官に射殺された黒人男性マイケル・ブラウン〔二〇一四年八月に一八歳のマイケル・ブラウンが警官に射殺され、四時間半、道路に放置された事件〕のために四分三〇秒の黙とうを捧げてほしい」と訴えたとき、白人の群衆は「とんでもない！」と叫んだのである。

キャロル・アンダーソンは著書『白人の怒り』（*White Rage*）でこう論じている。「白人の怒りを引き起こすのは、黒人の地位が自然と向上していくことだ。黒人が存在するだけでは問題にはならない。問題になるのは、野望、気力、目的、熱望と、完全で平等な市民の権利を要求する黒人性なのだ。服従と断念を受け入れない黒人性なのだ。しかし、それにもかかわらず、黒人男性がアメリカの大統領に選ばれてしまったという現実がある。それは究極の昇進そのものであり、それがゆえに究極の侮辱なのだ。その後、投票の制度がひどく制限され、連邦政府の機能が停止させられ、大統領府が一度ならず、ひどく露骨に公然と選出議員から侮辱されたことは、何ら驚くことではなかった」[10]

反黒人性は、憤りと博愛が入り混じった複雑な感情だ。なぜなら、私たちは心の温かさや高潔さを感じるために黒人を利用しているからだ。私たちは、白人の前では目を伏せるような人々や、私たちの豊かさと思いやりによって恐ろしい黒人をひどい生活から「救う」ことのできる人々に引きつけられるのだ。私がワークショップでよく使う例を紹介しよう。女優サンドラ・ブロックがアカデミー賞を受賞し大好評を博した「しあわせの隠れ場所」（原題 *The Blind Side*）という映画があった。この映画は人種をめぐる白人の博愛精神を示したよい例である。物語は、テューイという家族の「実話」に基づいている。この家族が、貧困家庭の黒人少年マイケル・オアーを救い出し、彼がNFL選手へと昇り詰める手助けをしたという話だ。白人に好評だった映画だが、この作品には人種をめぐる問題含みの箇所がいくつもある。黒人の登場人物の中で、ネガティブかつ人種差別的なステレオタイプが強調されていないキャラクターは一人もいない。オアー自身も、惨めな貧困家庭で育った、子どもっぽい優しい大男として描かれている。彼の周辺に配されている黒人たちは、父親のわからない子どもを何人も持つ薬物中毒のシングルマザー、無能な福祉士、傲慢な弁護士、薬物がはびこる治安の悪い地域の極悪なギャングなどである。

オアーが昔住んでいた地域を訪ねるという重要なシーンがある。彼が道を歩いていると、ギャングに取り囲まれ脅される。さてどうしたものか、オアーが数少ない選択肢を考えていたそのとき、テューイ夫人がやってきてギャングに大胆に立ち向かうと、ギャングたちは急いで引き下がって去っていった。夫人に救われたオアーは、再び安全な白人の郊外へと帰って行った。このシーンで明白なのは、オアーを彼自身の黒人コミュニティの恐怖から救うことができたのは、白人の博愛と勇気だけであったということだ。

映画の中で白人の専門家たちが、オアーには発育障害があるのではないかと話し合う（確かに映画を通して、彼はずっと消極的で話し方も不明瞭だ）。知能テストの「学ぶ可能性」分野では最低値だが、「身を護る本能」分野ではトップだと、彼の教師が気づくのだ！ 私は教育学の教授だが、「身を護る本能」を測るテストなど、聞いたこともないし、そんなおかしな測定方法があるという証拠を見つけることもできなかった。黒人男性のオアーが、知性はひどく低いが本能的な分野ではとびぬけていると描かれているのは、非常に問題だ。映画を通じてずっと、彼の知性の欠如が繰り返される。たとえば、テューイ家の末っ子がオアーにフットボールのルールを教えるシーンなどである。

映画では、オアーにはフットボールのルールがまるで理解できなかったため、テューイ夫人が、「あなたの新しい白人家族のだれかに危害が及ぶところを想像してみればどう？」と彼の「身を護る本能」に訴えかけている。こうして彼の（知性ではなく）本能が功を奏し、フットボール・フィールドで彼を止めることはもうだれにもできなくなった！ 特に侮辱的なのは、オアーにフットボールのルールを教えた白人の末っ子が、威圧的な大人たちを相手にオアーに代わって彼の契約交渉を行う場面である。オアーは、末っ子の後ろでただ黙って座っている。白人の観点から描かれたこの映画は、観客から熱狂的に受け入れられ、次のような非常に重要な支配的イデオロギーを強化したのだ。

- 白人は黒人の救世主である
- 罪のない黒人の子どももいるが、黒人の大人は道徳面でも犯罪面でも堕落している
- 大きな自己犠牲を払ってでも黒人を救済したり助けたりする白人は高潔かつ勇敢で、他の白人よりも道徳心がある
- 黒人の中にも悪い環境を乗り越えられる人はいるが、通常白人の助けが必要だ
- 黒人の住む地域は例外なく危険で犯罪が多い
- ほぼすべての黒人が貧しく、無能で、仕事ができない。ギャングの仲間になったり、薬物中毒になったり、親としても失格だ
- 黒人男性が「都市近接低所得地域」を抜け出す唯一の頼みの綱は、スポーツだ
- 白人は「援助に値する」黒人には喜んで対応するが、(チャリティを除いては)黒人のコミュニティといかなるかかわり方もしない[11]

もちろん、オアーは彼を助けた白人たちをも救済することになる。映画はキリスト教信者であるテューイ夫人の、「この少年を助けたのは神の意志であった」というナレーションで終わ

る（多分、才能ある選手として彼がもたらした多くの富が、白人にとって価値があったということだろう）。テューイ家の人々はもちろん善良な白人で、カントリークラブや他の場所で出会う悪い白人たちの偏見と闘ったのだ。ここでも、レイシスト＝悪、レイシストでない人＝善、という二元論が再び強化されている。これは根本的に狡猾な、反黒人の映画なのだ。

人種を通じた白人の社会化によって、アフリカ系アメリカ人に対する相反する感情が発生した。それは、博愛、憤慨、優越、嫌悪、ちょっとした侵害によって噴き出す、肌のすぐ下に潜む濁った罪悪感（しかし公然とは認められることがない）、などである。ほんの表面下の反黒人性がややこしい形で表れるのを否定しなくてはという気持ちが、私たちを不合理にする。その不合理さこそが白人の心の脆さの真髄であり、非白人を苦しめているものなのだ。

Ⅶ　白人にとって何が人種をめぐる引き金となるか

人種に関する社員の理解を深めるために、人種を超えた話し合いが行われたときのことです。一人の非白人の参加者が、ある白人女性のコメントでの誤った思い込みに対して、何度か反対意見を言いました。すると白人女性はこう嘆いたのです。「何を言っても、逆に私が責められるのよ！　白人の方が攻撃され、非難されてるじゃないの。だったら自己防衛するか、さもなくばサンドバッグみたいに殴られっぱなしになるしかないわ。もう諦めたわ！　もう何も言わないことにする！」

この会社の職場プランニングチームには黒人女性が一人しかいません。彼女はこのミーティング前半の一時間、白人の同僚たちの言うことをじっくり聞いたあと、「では、どうすればいいと思いますか？」と彼らの提案を尋ねました。このミーティングのあと、この黒人女性は上司から呼ばれて、女性の同僚たちが、彼女に攻撃されたと感じていると言われたのです。

人種をめぐるストレスから白人が庇護される要素について、これまでの章で述べてきた。白人の中でも階層によって人種上の庇護のレベルは異なるが（都市部の貧しい労働者階級では、郊外や田舎の白人より人種上の庇護が見られない）、集団としての白人は組織、文化表現、メディア、教科書、映画、広告、支配的な言説といった大きな社会環境によって庇護されている。白人性《ホワイトネス》の研究者ミッシェル・ファインは白人の庇護について、こう述べている。「白人性は特権と地位をもたらす。自分たちの周りを資本や、疑わしきは罰せずというクッションで包んで守る。白人性は陰口ものぞき見もはねのけ、尊厳を要求するのだ」[1]。このように守られていない白人はほとんどいない。もしいるとしても、それは自分で一時的に安全地帯から踏み出すことを選んだからだ。しかし、人種上の特権という庇護された環境の中で、白人は人種をめぐる安心感を求めると同時に、人種をめぐるストレスにますます耐えられなくなっていくのだ。

カラーブラインドネス、能力主義、個人主義といったイデオロギーに対して異議を唱えると激しい感情的反応が起きることがよくある。レイシズムの制度に加担しそこから利益を得ていると示唆されただけで白人がなぜそれほどむきになるのか、そこにはいくつかの理由があると私は考える。

- 人種について公に話すことが社会的にタブーであること
- レイシスト＝悪、レイシストでない人＝善という二元論
- 非白人への恐怖と憤り

- 自分は客観的な個人であるという思い違い
- 実情は自分が認識できる以上にひどいとわかっているゆえの罪悪感
- 公平だと思わされてきた白人権益の制度に、深くかかわっていること
- 内面化された優越感と、自分は支配権を持つという感覚
- 引き継がれてきた根深い反黒人性《アンチ・ブラックネス》の文化

ほとんどの白人はレイシズムとその機能について限られた知識しか持っていない。大学で人種関連の授業を一つだけ履修したり、職場で要求される「文化的能力のトレーニング」を受けたりすることだけが、多くの白人にとって、自分の人種をめぐる現実に対する直接的かつ不断の挑戦に対峙する唯一の機会なのだ。しかしそうした場面でも、すべての多文化の授業やトレーニング・プログラムが人種について直接教えているとは限らないし、ましてや白人の特権について述べられることはないだろう。こうした授業やトレーニングでは、「都市部」とか「都市近接の貧困地域」「恵まれない」といった人種をめぐる暗号が使われることの方がはるかに多い。「白人《ホワイト》」「恵まれすぎ《オーバー・アドヴァンテッジド》」「既得権益《プリヴィレッジド》」といった言葉はめったに使われないのだ。

人種を暗号化するこうした言葉は、人種とその問題は「彼ら」の問題であって、自分たちの問題ではないという心地よい妄想を再生すると同時に、レイシズムのイメージと考え方をも再生しているのだ。こうした授業やトレーニングの進行役が、レイシズムの力学やそこから利益を得る人々を直接名指ししないのには、いくつかの理由がある。白人の進行役がレイシズムを

きちんと分析していないこと、直接名指ししないことが非白人の進行役にとって個人的、経済的に生き抜くための方策であること、そしてトレーニングの内容を白人に受け入れられる居心地のよいものにしてほしいという経営者からの圧力などの、様々な理由である。

もしこうした教育トレーニングの場でレイシズムや白人の特権について率直に述べられることがあるとしたら、白人からは、怒り、退避、無感情、罪悪感、言い争い、認知的不協和といった共通した反応が起きるだろう（これらはすべて、進行役が直接レイシズムについて述べるのを回避させる圧力となる）。いわゆる進歩的な白人なら怒りの反応は示さないかもしれないが、それでも「もう授業で習ったから」とか「すでに知っているから」と言って、レイシズムについての話し合いは自分にはもう必要ないと主張し、自分を守ろうとするだろう。こうした反応すべてが白人の心の脆さ《ホワイト・フラジリティ》を構成している。白人の心の脆さは、白人が人種上の庇護を受け続けることによって、心理的、社会的なスタミナが低下したことの結果である。

私は成人して大学を卒業し、子どもができてから初めて、自分の人種上のアイデンティティと立場とが挑戦される経験をした。それも、多様性トレーナーとしての仕事を得たからこそ経験したことだった。私のそれまでの人生における、自分の中で人種が占める中心的地位、内面化した優越感、かけがえなき個人としての自己意識、そして自分たちの文化が人種をめぐる痛みを和らげてくれるという期待がこの稀少な経験と出会うまで、人種をめぐるストレスに耐える能力を必要とされたことなど私にはなかった。

人類学者［日本では社会学者として知られる］ピエール・ブルデューのハビトゥスという概念は、白人の心の脆さを理解するのに大いに役立つ。白人の心の脆さとは、白人が自分の人種上の立場を脅かされたときにどう反応するかの予測を可能にするものである。[2] ブルデューによれば、ハビトゥスは社会化の結果であり、それは行為者《アクター》が繰り返す実践ならびに、行為者同士や社会環境上の他者との相互作用である。それは反復されることで社会化され、我々の考えや認知や表現や行動を作り出し、再生産し続ける。その人が習慣的に知覚したり、解釈したり、周囲からの社会的合図に反応したりすることが、ハビトゥスだと考えられる。

ブルデューの理論のうち白人の心の脆さに関連する三つのカギは、場《フィールド》とハビトゥスと資本《キャピタル》である。場とはその人がいる特定の社会的文脈であり、関係者や職場や学校を指す。学校を例にとると、全体的としての学校というマクロな場があり、学校の中には職員室、スタッフルーム、教室、校庭、校長室、保健室、用務員室などのミクロな場が存在している。

資本とは特定の場において人が有する社会的価値であり、権力や立場の面で自分をどう見るか、そして他者からどう見られるかということだ。教師と生徒、教師と校長、中流階級の生徒と給食を無料や安価で支給されている貧しい生徒、英語の学習者と英語のネイティブスピーカー、人気者の女子と人気のない女子、用務員と受付係、幼稚園教諭と六年生の教師、などの資本を比較してみよう。

資本は場《フィールド》によってシフトすることがある。用務員が「上の階へ行って」受付係と話すときの、用務員の制服と受付係のビジネススーツ姿を比較すると、オフィスで働く人の方が、用務員より資本が大きいと言える。しかし、今度は受付係が用務員が支配する用務員室へホワイトボード用のマジックをもらいに「下へ降りて行く」としたら、権力ラインがシフトする。ここは用務員の領域であるから、マジックをすぐに供給するのも渋るのも用務員次第なのだ。権力をめぐる交渉においては、人種、階層、性別が作用することにも注目しよう。用務員はたいてい男性で、受付係は女性のことが多いだろう。多分、用務員は非白人で受付係は白人だろう。このような複雑で絡み合った資本の層が、自動的に作用しているのだ。

ハビトゥスには他者の立場への反応だけでなく、自分自身の立場の内面化した認知も含まれる。あらゆる場において、人々は（しばしば無意識に）権力を争い、それぞれの場には争い方のルールがある。[3] ハビトゥスはその人が社会構造の中で占める権力の位置によって変わる。学校の例に話を戻そう。用務員室と受付係のオフィスとでは権力の獲得のルールが違ってくる。こうしたルールのことは意識的に考えなくてもよい。私が特定の場に入れば、私は自動的にそのルールにシフトしている。もしもそのルールに従わなければ、様々なやり方でそこから追い出されてしまうだろう。ルールの中にははっきり教えられたものもあるが、首尾一貫した社会様式から拾い上げて学んだ暗黙のルールもある。たとえば、特定の場での行動の仕方や、禁句のルールや、タブー視されていることをだれかが言ったときの反応の仕方などについても、明確なルールがあるのだ。

社会的合図に不慣れであったり、あるいは、自分たちの資本が挑戦を受けたりして、ハビトゥスに不均衡が生じると、私たちは均衡を取り戻す戦略を使う。ハビトゥスは、自分たちの社会的な快適さを維持しようとするものである。周囲の人々の行いが馴染みのものでなく、受け入れがたいものであるときには、ハビトゥスによって快適さを取り戻そうとする。私たちは、ハビトゥスの均衡に意識的に反応するのではなく、無意識のうちに反応してしまうのである。

ブルデューによれば、ハビトゥスは自由意思のみによって決定されるのでも、構造のみによって決定されるものでもない。ハビトゥスは、二つの次元で繰り返される相互作用の結果である。私たちがとるある特定の行動は、過去の出来事と構造の双方によってつくられている。それが現在の慣習《プラクティス》や構造を形作る。おそらく最も重要なのは、この相互作用が慣習と構造だけでなく、それらに関する私たちの考え方そのものを条件づけ、強化することである。この意味で、ハビトゥスは理性的な意識や自覚によらずに、自動的につくられ再生産される。白人の立場が挑戦を受けるめったにない状況において、不均衡は生じるのだ[4]。

したがって白人の心の脆さとは、ハビトゥスにおける人種をめぐるほんの些細なストレスにも耐えられずに、自己防衛的な行動を引き起こす状態なのだ。それは、怒りや恐れや罪悪感のような感情を外に向かって表すことや、論争、沈黙、ストレスになるような状況からの逃避といった行動である。こうした行動は人種をめぐる白人の心の均衡を取り戻そうとするものである。人種をめぐるストレスは、人種をめぐる見慣れた状況を侵害されたときに起きる。妨害には次のような様々な形の、様々な原因で起きるものがある。

- 白人の視点が人種上の準拠枠から生じているのではないかと問われたとき（客観性への挑戦）
- 非白人が人種に関する自分の考えを直接述べたとき（白人が人種について公に話すことをタ

ブー視することへの挑戦）

- 非白人が、人種をめぐる白人の感情を守らない選択をしたとき（人種をめぐる白人の期待への挑戦。人種をめぐり平静でいる必要性とその資格を白人が持つことへの挑戦）
- 非白人が自分の人種をめぐる経験を語ったり質問に答えたりしようとしないとき（非白人は自分たちに仕えるべきだという考えへの挑戦）
- 白人の仲間が、自分の人種観に反論したとき（白人の結束への挑戦）
- 自分たちの行動が人種差別的だと意見されたとき（白人の無邪気さ《イノセンス》への挑戦）
- 集団への帰属が重要だと示唆されたとき（個人主義への挑戦）
- 人種集団によってアクセスが不平等であるという認識（能力主義への挑戦）
- 非白人が指導的な立場になったとき（白人の権威への挑戦）
- 非白人がステレオタイプな役以外で活躍する映画や多文化教育などを通して、他の人種集団の情報を与えられたとき（白人が占める中心的地位への挑戦）
- 白人は全人類の代表でも代弁者でもないと示唆されたとき（普遍性への挑戦）

白人が支配的な社会で白人がこうした挑戦を受けることは例外的ではあるが、建設的にどう反応していいかがわからず戸惑うことが白人にはよくある。あるとき、人種をめぐる不適切な発言を黒人の女子生徒にした白人男性教師に、一対一で助言するように頼まれたことがあった。女子生徒の母親に苦言を呈されて教師は自己防衛的になり、衝突がさらにエスカレートしたのだった。この件は新聞に取り上げられ、訴訟の可能性まで検討された。この教師をロバーツ氏と呼んでおこう。ロバーツ氏は私に同僚の白人女性教師の話をした。彼女のデスクに二人の黒人生徒がやって来たという話だ。彼女は一人の生徒に「女子《ガール》」と呼びかけた。するとその生徒は驚いて「先生は今、私をただ女子と呼びましたか?」と尋ねたと言う。もう一人の生徒は「別にいいんじゃない」と言った。教師はすべての女子生徒に「女子」と呼びかけているからだ。

ロバーツ氏はこの話を私にしながら、彼もその同僚も、「そこまで注意しなくてはならないのか」、そして「それでは何も言えなくなるではないか」と憤慨していると言う。この件に私が介入したことによって、彼も同僚もある種の罰を与えられたと感じている。そしてこの出来事によって非白人の生徒たちが「過敏」になり、レイシズムがないところにも、差別があると文句を言うようになったのだと言う。この二人の教師は「女子」と呼ばれたことに対する生徒の反応を、過敏さの一例と考える。これは白人によく見られる告発であり、それは二つの理由で正当化されている。一つ目は、教師が人種にかかわらずすべての女子生徒に「女子」と呼びかけていること。二つ目は、もう片方の生徒が問題視しなかったのだから、その生徒の反応は過敏であったというものである。

この白人の二教師の反応は白人の心の脆さをめぐる、いくつかの力学を表している。まず、生徒の反応を理解しなかったことによって、自分たちには知識や文脈の理解が欠如していたかもしれないとは思わなかったことである。それはすなわち生徒の考えや、なぜそれを屈辱的に受け取ったのかについて知ろうとしなかったということだ。さらには、生徒の気持ちに思いやりも見せていない。自分の意図と与えたショックとを切り離して考えられないのだ。彼には人種を超えるスキルや理解がなく、その欠如によって人種の権利侵害から法的な対抗の可能性までが引き起こされた。それでもまだ彼は自分が正しくて、間違っているのは生徒の方だと傲慢にも自信を持ち続けている。ロバーツ氏が人種間をめぐる深刻な問題に巻き込まれていることを知ったあの同僚も、二人の共通した考えを正当化し、非白人の考えを無効化することによって、彼との白人の結束を保っているのだ。彼らは教師のコメントを問題視しなかったもう一方の生徒の言葉を、文句を言った生徒の方が間違っているという証拠として利用した。教師たちに言わせれば、その場にいた生徒が人種上の含意を否定しているので、その生徒こそが正しい証人だというわけのだ。そしてついには、非白人への仲立ちとなって彼らの世界観や立場を守る代わりに、教師たちはこの出来事を人種間の分断を拡大させる機会にしてしまったのだ。

白人の心の脆さとは、白人性の持続する社会的ならびに物質的利益によって、つくられ再生産されてきた反応や「条件」として概念化できるかもしれない。不均衡が生じたとき——慣れ親しみ当然と考えていることを侵害されたとき——白人の心の脆さが均衡を取り戻し、不均衡によって被った資本の「損失」を回復するのだ。その資本とは、自己像、支配、白人の結束といったものである。そして、白人の心の脆さを引き出す引き金となったものに対して怒ったり、心を閉ざしたり無視したり、罪悪感や「傷心」といった無能力感にふけったり、立ち去ったり、これらが入り混じった反応が結果として表れたりする。先にも述べたように、こうした策略は反射的に起こるもので、まず意識的ではないが、だからと言ってそれがよいことにはならないのだ。

Ⅷ　白人の心の脆さという結論

職場のレイシズムについて白人従業員の小グループとワークショップを行いました。白人女性のカレンという参加者が、唯一の非白人の同僚女性ジョウンに腹を立てています。ジョウンに、自分の話に割り込まないでほしいと言われたからだそうです。話を遮られることと人種とに何か関係があるのかどうか、カレンには理解できません。カレンは外向的な性格で、だれと話していても、割り込んで相手をやりこめようとする傾向があります。私はカレンに、異なる人種の人が相手の場合は、話を遮ることによる影響力が違ってくる、なぜなら私たちは歴史を背負っているからだと説明しようとしました。カレンは自分を個性的な個人だと考えていますが、ジョウンにとってカレンは白人の一人なのです。白人に話を遮られて言い負かされることは、ジョウンにとって珍しいことではないし、より大きな文化的脈絡からかけ離れているわけでもありません。カレンは声高にこう言いました。

「もういいわ！　どうせ私の言うことは何もかも間違いよ！　もう何も言わなきゃいいんでしょ！」

この話にはカレンにおける白人の心の脆さ《ホワイト・フラジリティ》が顕著に表れている。彼女は自分を人種として見ることができない。そうするように強いられると、それ以上話し合うことを拒み、自分の方が不公平に扱われていると言う。ナショナル・パブリック・ラジオ（NPR、米公共ラジオ局）のジャーナリスト、ダン・ガニエイは、驚くほど多くのアメリカの白人が、自分たちも人種偏見を受けていると信じていると語っている。

> 世論調査によって、今日のアメリカには白人に対する差別があると大多数の白人が考えていることがわかりました。この調査は、NPRとロバート・ウッド・ジョンソン財団とハーバード公衆衛生大学院が火曜日に発表したものです。オハイオ州アクロンに住むティム・ハーシュマンさん（六八歳）は言います。「俺たちが仕事に応募しても、はじめに雇ってもらえるのは黒人さ。それに政府からの援助だって、白人は何も受けられない。黒人なら別だがね」
>
> 　アンケートに答えた白人の半数以上、五五％の人が、概して現在のアメリカには白人に対する差別があると思うと言っています……
>
> 　しかしここで注目すべきなのは、白人への差別があると大半の白人が答えているにもかかわらず、実際に差別を体験したという人の割合はずっと低くなっていることです。[1]

子どもと人種の関係の大掛かりな調査によれば、子どもはかなり幼い頃から人種に関する思想を構築し始めるという。驚くべきことに、学齢前からすでに、白人の優越感や人種を表す強力な暗号への知識が育ち始めるようなのだ。[2] コミュニケーションが専門のデビアン・マーティ教授は、白人の子どもの成長を次のように説明している。

他の西洋国家と同様にアメリカで生まれた白人の子どもは、白人至上主義社会に生きる倫理的な窮地を受け継いでいる。人種上の特権を公平で当然のものとして育てられた白人の子どもは、自分が苦境に直面したときのための指導をほとんど受けていないし、その解決法に至っては、何ら与えられていない。したがって、子どもたちは人種間の緊張についての欧米の歴史的責任も、自分たちが今それを永続させる役割を果たしていることも理解せずに、それを実際に体験し学んでいくのだ。[3]

白人の優越性は至る所にあるにもかかわらず、多くの白人はそれを口にせず、否定している。そして多数の人のようにレイシズムに公然と反対する大人になったとき、他者の不利益を強める白人種の特権を否定することによって、自分のアイデンティティを形作ろうとするだろう。ここで特に問題となる矛盾は、白人がレイシズムに倫理的に反対することによって、自分もその共犯者だという認識をますます拒絶するようになるということだ。白人至上主義の文脈から言えば、白人のアイデンティティは、主に人種をめぐる（浅薄な）寛容と容認に基づいている。自分を進歩的だと位置づける私たち白人は、不公平と支配の制度を認めたりそれへのかかわり方を変えたりするよりも、自分が道徳的に優れていると思い込んでいるものを守ろうとすることが多いのだ。

たとえば二〇一六年のアカデミー賞では、多様性の欠如が挑戦を受けた。女優ヘレン・ミレンが、二年続けて黒人の俳優が一人もノミネートされなかったことは「時代遅れ」と思わないかと尋ねられたとき、彼女は人種をめぐる白人お決まりの無邪気《イノセンス》さでこう答えた。「たまたまそうなっただけじゃないの?」。そして「そしてアカデミーを攻撃するのは不公平だわ」と言い張った。さらに、女優シャーロット・ランプリングは、アカデミー賞をボイコットすれば、かえって多様性の欠如に注目を集めることになり、「白人へのレイシズムになる」と述べたのだ。こう述べることによって、白人にはいつ、どのように、どの程度、レイシズムに言及したり挑戦したりするかを選ぶ権限があると示したことになる。このように、白人の特権を指摘されることによって、混乱や自己防衛や正義の怒りがしばしば引き起こされるのだ。こうした応答は、自己防衛をする者が過失を認めるのを拒否しつつ、「攻撃」と感じたものから自分の道徳的な人格を守ることを可能にするものだ。こうした戦術で道徳的な立場を取り戻そうとすることで、白人は挑戦を回避することができるわけだ。[4]

白人が人種をめぐる挑戦を受けたとき、自分の立場を守ろうとする方法の一つが、自己防衛論の展開だ。この論法によって、白人は自分たちこそが犠牲者として、締め出されたり、非難されたり、攻撃されたりしていると描写して見せるのだ。[5] こうした論法を持ち出す白人はただ単に対抗言説《カウンター・ナラティヴ》を使って反応しているだけであり、私の知る限りでは、異人種間の対話やワークショップにおいて、実際に暴力が振るわれたことなどない。こうした自己防衛的な主張は何層ものレベルで機能する。まず、語り手の社会的権力がどうであれ、自己防衛は語り手に道徳的な優越感を与える。さらにその主張は自分の感じる不快さを社会的権力のない他者のせいにし、それを危険な不快さだと偽る。自己防衛のアプローチによってレイシズムのイメージを刻み直すのだ。自分たちを反レイシズムに尽力する犠牲者として描くことで、自分たちが白人性《ホワイトネス》の恩恵の受け手であるはずはない、立場への挑戦を受けたり非白人の意見や体験を聞くよう求められたりといった不公平な扱いを受けているのは白人である自分たちなのだ、と主張する。そしてこの酷い扱いに対応するために、（時間や配慮のような）より多くの社会的資産が自分たちの方へ向けられるように彼らは要求できるというわけだ。

より多様性のある雇用や多様な職場環境の維持を求める組織のコンサルティングをしていて、常に受ける警告がある。それは、これまでに社内で行った多様性（の欠如を指摘する）プログラムは、常に白人社員にトラウマを与える結果に終わった、というものである。この警告は、ほんの短い単独のワークショップが与えたショックを、実際にトラウマと呼んでいるのだ。トラウマのせいで、この問題は長年の間一切避けられてきたと言う。もうそろそろいいだろうと考えた経営陣が、多様性のワークショップの再開を決めたとしても、ゆっくり注意深く行うようにと私は警告される。公平さを求める努力によって、白人が人種をめぐりトラウマになるような会社なら、間違いなくそこは圧倒的に白人の多い会社であっただろう。

反レイシズムへの努力について解説すると、多くの白人は暴力の話をする。この点もまた、白人の心の脆さが現実をゆがめている例として重要である。彼らは身体的虐待を暗示するような言葉を使いながら、非白人（特にアフリカ系アメリカ人）は危険で暴力的だという、あのお決まりの物語を利用して、白人と非白人の間の本当の危害の方向性をゆがめてしまう。白人と非白人がただ単に人種について話すというような稀な状況でも、自分が危険だと感じたり、攻撃を受けたりしていると白人が主張することによって、歴史が徹底的に軽視されてしまうのだ。暴力を持ち出すことで、ほとんどの白人が人種をめぐる緊張に対して脆く、立ち向かう準備もできていないこと、そしてその緊張を非白人に押しつけていることを露呈してしまうのである。[6]

社会学者のエドゥアルド・ボニラ＝シルヴァは、カラーブラインド・レイシズムの研究の中で、白人の心の脆さの一面をこう説明している。「アメリカの人種をめぐる状況を取り巻く新たな風潮により、人種をめぐる感情や立場を公に表現することが禁じられるようになった。したがって、白人がこの不快な問題について話そうとすると、何を言おうとしているのかまるでわからなくなる」[7]。禁断の人種問題を徹底的に探っていけば、話が支離滅裂になる。脱線し、言いよどみ、繰り返し、さらには自己修正も起きる。ボニラ＝シルヴァは、人種は重要な問題ではないと主張する世の中で人種について話すときに、この支離滅裂さが起きると言う。筋道の立たない話し方が示すのは、多くの白人が――初歩的レベルであっても――人種について深く考えたり、レイシズムについての理解を変えようという準備ができていないということだ。この消極性によって白人の権力が保たれる。なぜなら、どの話はしてもよいのか、どの話は封じるべきかを決める権力が、文化を支配する基盤となっているからだ。白人が人種について考えるのを渋ることには、さらなる意味がある。人種をめぐる新たな考え方を白人が追求しない限り、白人の考え方が普遍的なものとして刻み直されるのだ。

しかし、限られた状況で白人が人種をめぐる論議を交わすこともある。私たちは他の人種における人種上の立場に気づいて、たとえ暗号化された話し方であっても、白人同士で自由に話し合うことができる。こうした人種トークをそのまま認めることを拒めば、一種の意識の分裂が生じ、不合理と一貫性の欠如を招く。さらに、文化の中で広まり私たちの考えを囲い込んできた人種の誤った情報を、検証せずに放置することが確実となる。人種格差が浸透した文化の中で、人種への関与に真に向き合う不快さから逃げ続ければ、人種を超えた正しいつながりをつくる白人の能力を限定し、レイシズムのサイクルを不朽のものとして保ち続けることになるのだ。

白人の心の脆さを表す適切な例がある。私と異なる人種の人たちがチームを組んで司会をした、職場の反レイシズム・トレーニングで起きたことだ。一人の白人女性の参加者がトレーニングを中断してデスクに戻ってしまった。彼女の言ったことで、その場の数人の非白人がショックを受けたと意見されたことが原因だった。それは（私たちトレーニングチームから見れば）繊細で如才ない意見だった。休憩時間に、他の何人かの白人参加者が私たちトレーナーのところへやって来た。彼女と話をしてきたと言う。自分の発言が挑戦を受けたことで、彼女はひどく腹を立てていると言う（もちろん彼女は自分の危惧について「挑戦を受けた」とは言わなかった。人種差別的なショックを自分が与えたという「誤った非難」を受けたと言ったのだ）。彼女の友人たちは、彼女は健康状態に不安があるので、「心臓発作を起こすかもしれない」と私たちに警告しに来た。よく聞いてみると、実際、彼女には健康問題があるのだと言う。同僚たちは、このうら若き女性が意見をされたために本当に死んでしまうのではないかと、心から恐れたのだ。そして彼女が死ぬかもしれないという話が他の参加者たちにも伝わったとき、皆の注意は一斉に彼女に注がれ、彼女が非白人に与えたショックは、どうでもよくなってしまった。ソーシャルワークの教授リッチ・ヴォデはこう述べている。「特権の定義が、資本を持つ資格の合法化であるとしたら、それは、その資格への反発から逃げたりそれを回避したりすることを許されているという定義だとも言える[8]」

白人の心の均衡とは、人種をめぐる快適さ、中心的な役割、優越性、資格、人種への無関心、気づかなさ、といったもので包まれた繭である。これらはすべて、自分はレイシズムとはかかわりのない善良な人間だというアイデンティティに根ざしている。この繭に挑むのは、人種をめぐる白人の心の均衡を崩すことになる。白人は人種上、不均衡になることが稀なので、不均衡に伴う不快感に屈しない力をつける必要がなかったのだ。したがって、白人にとってこうした課題をもたらされることは耐えがたく、やめてほしいことなのだ。

いじめという形をとる白人の心の脆さ

ここで明確にしたいのは、人種上の立場への挑戦を拒む白人の力は限定的で、その意味では脆いが、白人の反応がもたらす結果は決して脆くなどはないということだ。歴史上培った権力、組織力、支配力などを利用することで、その効果は絶大になる。白人は、自分の立場を守らなければならなくなった瞬間に、この権力と支配力を最も有効に利用する。あらゆる資本を取り戻したり、レイシズムの論争から注意をそらしたりするために必要ならば、私たちは泣いてみせるだろう（これは中流階級の白人女性がよく使う戦術だ）。もし、腹を立て正当な怒りをもって応える必要があれば、憤慨してみせるだろう。もし相手の挑戦をやめさせるために必要ならば、口論したり、軽蔑したり、説明したり、わざと反対意見を述べたり、ふくれっつらをしたり、無視や前言撤回も厭《いと》わないだろう。

白人の心の脆さはいじめという形をとる。それがどんなに如才ない言い方であっても、「私に楯突くのなら、あなたをひどく惨めな気持ちにさせ、退かせ、諦めさせ、二度と問題提起ができないようにしてやる」というわけだ。白人の心の脆さは、非白人を抑えつけ、「相応しい場所」にとどまらせる。これは白人による人種上の支配の強力な形である。社会的権力は固定されたものではない。常に挑戦されても、常に維持されるべきものだ。第Ⅶ章で述べた白人の心の脆さの引き金は、白人の権力と支配への挑戦であり、白人の心の脆さはその挑戦をやめさせて、権力と支配を維持しようとする方法なのかもしれない。

もう一点はっきりさせておきたいのは、「白人の心の脆さ」という言葉で私が説明しようとしているのは、白人に見られるある固有の現象だ。白人の心の脆さとは、単なる自己防衛や、愚痴ではない。「支配の社会学」と概念化してもよいかもしれない。それは白人至上主義に向けた社会化の結果であり、白人の優越性を守り、維持し、再生産する方法なのだ。ここで言う「脆さ」の意味は、苦言ばかり言う集団や、扱いにくい人たちのことを指すようなもの（たとえば「学生の心の脆さ《ステューデント・フラジリティ》」というような）ではない。

私はワークショップで非白人にこう尋ねることがよくある。「無自覚ながらも常に存在する白人の無意識のレイシズムについて、どのくらい、白人に意見をしたことがありますか？　そしてそれがうまく受け止められたことは、どれくらいありましたか？」と。すると彼らは、あきれたように首を振って、すぐに笑い出す。そして、「そんなことは、まずないね」と、みな同じ反応をするのだ。それから私はこう尋ねる。「もし与えられた意見を私たち白人が謙虚に受け入れ、熟考し、自分の行動を変えようと努力したらどうでしょう？」。最近ある非白人の男性にこう尋ねたら、彼はため息をつきながら「それは革命的だね」と答えた。私は白人の仲間たちに、彼の答えの深さについて考えてほしいと頼んだ。私たちが受け止め、熟考し、行動を変える努力をするのは革命的なことなんだということを。彼の言葉はある意味で、私たち白人がいかに困難さを抱えており脆いものであるかを示しているが、もう一方では、私たちがレイシズムの責任をとることがいかに易しいことであり得るかということをも指し示しているのだ。しかし、私たちが、卑劣な人間だけが意図的にレイシズムに加担するのだという世界観に支配され続けていると、そこへ到達することはできないだろう。

Ⅸ　白人の心の脆さによる行動

理事長が白人教師の多い学校を説得してくれて、やっと人種上の公平性を考えるワークショップが実施されることになりました。しかしワークショップのタイトルを聞いた理事長が、しり込みをしたのです。ホワイトという言葉が入っているのが気に食わないのです。私が以前、教育学部の教授として勤めていた大学は、人口の五六％が黒人とラティーノである町から一〇マイルしか離れていませんでした。大学の学生の九七％は白人でしたが、多くの学生がその町の公立学校で教育実習をしていました。この大学の教育学部では過去一七年もの間、非白人の教師を雇ったことがありませんでした。私は何度も問題提起をしましたが、いつも沈黙の回答しか得られませんでした。そのうち、白人の同僚が私の研究室にやって来て、怒りながらこう言ったのです。「あなたが問題提起をするのは、私たちに仕事を辞めろと言っているのと同じことだ」と。

アメリカ先住民の部族のために働いているある白人男性は、先住民の同僚たちに、「不正義ばかりが目について」「もうくたくただ」といつも言っていました。その仕事にどこまで耐えられるかわからないと言うのです。先住民の同僚たちは、繰り返し彼を慰めて、辞めないように励まさなくてはならないと、プレッシャーを感じていました。

あるとき私は、ほぼ全員が白人の団体から人種上の公平性を考えるワークショップに興味があるという連絡を受けました。しかし、参加者が不快にならないようにしてほしいと言われたのです。

またあるとき、私はある場所で基調講演をしました。人種間の深刻な分断と不平等が続いているにもかかわらず、白人であることには何の意味もないと宣言する社会で、白人として生きる意味について話したのです。私の話の焦点は、人種がどのように白人というアイデンティティを形作り、その結果、避けがたいパターンが生じているかいうことでした。すると、先住民と仕事をしている白人女性が憤慨して、イベント主催者の非白人にこう言いました。「アメリカ先住民のことはどうなの？　なぜ先住民の話をしてくれないの？」と。彼女は数分間にわたって、がみがみと主催者に文句を言い続けました。彼女の大声が壇上の私にも聞こえてきました。私が介入すると、彼女は少しは落ち着きましたが、アメリカ先住民を話に組み入れなかったことでまた私を責めました。彼らは「最も抑圧されている人々だから」と言うのです。彼女自身の白人性《ホワイトネス》に関する私の講演はまるで無視し、自分の白人性について何かを学んだと言うわけでもなく、講演者でもない主催者に食ってかかり、その非白人の主催者にどれほどショックを与えたかなど、考えてもみないのです。

以前、私は大学教授として、そして現在はファシリテーターとコンサルタントとして、レイシズムが無意識に表れることを白人に伝える役割を担っている。これまでに数えきれないほど多くの、白人の心の脆さ《ホワイト・フラジリティ》の実践を見てきた。最もよくあるのは憤りだ。「私が人種差別的な言動をとったなんて、どうしてそんなことが言えるのか！」。こう言われるのは私にとって快いことではないが、大変意義深い時間でもある。そもそも私が雇われてそこにいる理由は、まさにそれを説明するためだからだ。彼らの職場がなぜ白人中心であり続けるのか、なぜその組織が非白人を雇い入れるのにそれほど苦労するのか、なぜ雇った非白人がすぐに辞めてしまうのか、といったことを組織の人々に理解させる手助けをするために私は頼まれてやって来たのだから。

これまでファシリテーターとしてキャリアを積んできた私に対して、以前のように歴然と嫌悪感を表す人はほとんどいなくなった。それはきっと、私が何年も教育学者として経験を重ねてきたからだろう。もちろん私自身も白人だから、他の白人は私のメッセージをずっと受け入れやすいはずだ。白人主体の集団に向かって、自分でも驚くようなことを言う場合もよくある。自分たちの文化は白人至上主義の文化だと私が説明し、「あらゆる白人がレイシズムに関与し加担してきた」と述べても、席を立って逃げたりトラウマで倒れたりするような白人参加者はいない。私は別段、部屋に入ってすぐにこんなことを言い始めるわけではない。私の主張の意味を理解してもらえるように、戦略的に人々を導いていくのだ。私自身も白人であるという経験に戦略が加わったおかげで、今では、白人の全般的な受け止め方には、初期の頃に比べると天と地ほどの差がある。

話が抽象的である限り、白人は私の発表を受け入れてくれる。しかしたとえば、「シャロンさん、私の意見を言ってもいいですか？　あなたが意図的でないのはわかりますが、ジェイソンさんの話に対するあなたの反応は、彼の黒人としての体験を否定するものですよ」といったように、そのときに現れた人種をめぐる問題含みの力関係をその場で指摘すると、白人の心の脆さ《ホワイト・フラジリティ》が噴出する。そのときシャロンは、それは誤解だと言い訳がましく説明し腹を立てて引き下がったが、他の参加者たちが「彼女の言わんとしたことは……」と彼女を擁護して説明をし直したのだ。私の意見の意味はいまや失われてしまい、彼らが思うところの「不和」を解決するために、私は何時間もかけなくてはならなかった。そしてもちろん、ジェイソンのことなど、だれも心配していないようだった。私は頭を振りながら考えた。「レイシズムに気づく手助けをしてくれと言うのに、やれやれ、そんな手伝いはしない方がよさそうね」と。

本書を通して私は、白人至上主義の文化へと条件づけされた白人による、避けがたい人種差別的な思い込みやパターンを可視化する努力をしてきた。そうしたパターンを指摘したり疑問視したりすると、予想通りの反応が返ってくる。それはまず根拠のない推測に始まり、それを疑われると様々な感情が起き、次に予想通りの行動が引き起こされる。そして行動をいくつもの主張で正当化しようとするのだ。次に紹介する最近の例には、こうした白人の心の脆さの反応や感情や行動や主張がよく表れている。

コミュニティ・ワークショップを共同で指導したときのことだ。経営者がスポンサーにならなかったため、参加者はみな自分で参加費を払って自発的に参加していた。だから私たちは参加者はみな、ワークショップに公平な気持ちで関心を持っているのだろうと思っていた。私が白人の小グループを指導していたとき、一人の女性（エヴァと呼んでおこう）がこう言った。彼女はドイツで育ったが、ドイツには黒人がいなかったので、人種について何も学ばなかったし、自分はレイシストではないのだと。私は彼女の主張に反論した。子どもの頃、アフリカに住む人たちについて彼女はどんなメッセージを受け取っていたか考えてみてほしいと。もちろんアフリカは知っていただろうし、そこに住む人々について何らかの印象を持っていたはずだ。アメリカの映画を観たことはなかったか？　映画を観てアフリカ系アメリカ人についてどんな印象を持っただろうか？　さらに、彼女がここ二三年の間、アメリカに住んでいて、どんなことを吸収したのか、ここに住むアフリカ系アメリカ人と交流することがあったか、なかったとしたらそれはなぜなのか、私は彼女に考えてほしいと頼んだ。

そうしてワークショップを済ませた私は、彼女とのやり取りを忘れていたが、ワークショップ後に彼女が私のところへやって来た。ひどく腹を立てていて、私とのやり取りでとても傷ついたし「理解されなかった」と感じたと言う。「あなたは私のことを勝手に決めつけたじゃないの！」と怒っている。私は彼女に謝って、理解されないとか認められないとかと思ってほしくないと告げた。だが、それでも私は彼女に挑み続けた。ドイツで育ったからといって、黒人について人種をめぐる問題含みのメッセージを受け取らなかったとは限らないと言った。すると彼女は「アメリカ兵がやって来るまで」黒人を見たことなどなかったと反論した。そして

「ドイツの女性はみんな、黒人兵を美しいと思って、彼らと近づきになりたいと願った」のだと。これが彼女がレイシストでないことの証拠だった。私は内心、口論するのはやめようと思い、諦めのため息をついた。そして彼女に再び謝罪した。こうして私たちは別れたが、彼女の怒りはまだ収まらないようだった。

数カ月後のこと、ファシリテーターの一人が、新しいワークショップについてエヴァに連絡をとった。エヴァはまだ腹を立てているようだった。彼女は、私が指導するワークショップには金輪際参加しないと答えたのだ。私は彼女をレイシスト呼ばわりしたわけでも、彼女の話が人種差別的だと言ったわけでもない。ただ私がしたことは、自分は人種差別的ではないという彼女の自己像に異議を唱えただけだ。私が彼女の主張を額面通りに受け取らなかったというエヴァの怒りが、レイシズムについての自由参加のワークショップという状況の中で示されたことは、いかにも逆説的だ。なぜなら、彼女は表向きにはレイシズムについての理解を深めるために参加したのだから。

（実際にエヴァが示したように）白人が自分の思い込みや行動に対して異議を申し立てられたとき、共通して見せる感情的な反応には次のようなものがある。

感情

- 疎外感
- 攻撃された感覚
- 侮辱された感覚
- 非難された感覚

- 黙らされた感覚
- 恥をかかされた感覚
- 罪悪感
- 責められた感覚
- 怒り
- 脅された感覚
- 憤慨

こうした感情を持つと、エヴァのように次の行動を起こすことが多い。

行動

- 泣く
- そこから立ち去る
- 感情的に引きこもる
- 口論する
- 否定する
- 意図に焦点を合わせる
- 赦免を求める
- 回避する

こうした強い感情や反応を正当化するためには、どのような主張をするだろうか? 次に挙げた主張の中には、不当に責められたと思う人の主張や、話し合う意味すらないと思う(「そんなことはとっくにわかっている」)人の主張があるが、どの主張もさらなる話し合いや説明から逃れるためのものだ。ちょうどエヴァの主張のように。

主張

- 私には非白人の知り合いがいる
- 真に抑圧をしてくるのは階級（性別など、人種以外）だ
- 六〇年代のデモに参加した
- そんなことはもう知っている
- あなたは私を裁こうとしている
- あなたはエリート主義者だ
- あなたは私を理解できない
- たった一度悪気のないことを言っただけだ
- あなたは一般化している
- あなたの意見でしかない
- 根も葉もない攻撃だ
- 私はそう思わない
- あなたのやり方は間違っている
- 誤解だ
- また人種を持ち出すのか
- 身の危険を感じる
- 私は受け入れられない

- あなたの言い方の方が問題だ
- あなたこそが私にとってはレイシストだ
- どうせ私の言うことはすべて間違いだ
- 私に罪悪感を持たせようとしている
- そういうつもりではなかった
- 私の気持ちを傷つけた
- 私だって苦しんできた

私のウェブサイトに寄せられたある一本のメールにも、こうした主張のいくつかが表れている。メールの部分的な引用と要約を紹介しよう（ところで、メールは叫ぶようにすべて大文字で書かれていた）。このメールの冒頭には、私の年齢から察すると、私にはあなたと同様の人生経験があるわけではなさそうだから、「人種についてあなたから教えられることなど、もちろん何一つあるわけはない」と書かれていた。そのあとに、彼女自身の証明が続いた。彼女がいかに、重大な公民権運動の活動を乗り切ってきたか、大学で人種やジェンダーについて学んだか、数多くの著名な黒人のフェミニスト作家や政治家のことを知っているか、生涯通じて近所やクラスや同僚に多くの黒人がいたか、というようなことである。さらに、彼女は数十年前に黒人の友人のお姉さんが亡くなったのと同じ病気で、今苦しんでいると言う。病の共有によって、黒人との連帯がさらに立証されるということらしい。こうした体験や交流を証拠に、自分にもあったかもしれないレイシズムを拭い去ることができたと言うのである。「白人が「吸収する」とあなたが言うあらゆることを、私は人生経験と教育によって自分の中から剝ぎ取ったのだ」と彼女は述べる。そして人種は自分の問題ではないとして、彼女自身が受けてきた性差別の抑圧にすり替えようとしている。「もう人種について話したくない。ジェンダーについてこそ語りたいのだ」と。彼女のメールは、もうこれ以上私とかかわることはないし、私から返信が来ても読むことはないだろう、と締めくくられていた。

彼女がメールで表した感情や行動や主張は、確かに、白人の読者にとって馴染みのあるものだと思う。自分や周りにも同様の言動があるかもしれない。しかし、レイシズムにはいくつもの側面があり、私たちはそれについて深く考えたり問題視したりすることがない。さて、ここからもっと掘り下げて、こうした主張の基盤となっている思い込みの枠組みについて検証していこう。

思い込み

- レイシズムは単に個人的な偏見だ
- 自分はレイシズムとは無縁だ
- レイシズムが生じたかどうかは、自分で判断できる
- 知るべきことはすべて知っているので、これ以上学ぶ必要はない
- 意図的な言動だけがレイシズムだ。レイシズムを意図していなければ、その行動が与え

るショックは打ち消される
- 私は苦労をしたので、私にはレイシズムや人種上の特権はない
- 別の抑圧を受けている白人は、白人の特権を得られない
- 私は善人なのだから、レイシストであるはずがない
- 私が望むような心地よい話し合いをする権利が私にはある
- 他人からどう思われているかが最も重要だ
- 白人として、私はレイシズムに対峙するベストな方法を知っている
- 私が責められていると感じるようなら、あなたのやり方は間違っている
- レイシズムを指摘するのは不親切だ
- レイシズムは意識的な偏見だ。私にはそれがないからレイシストではない
- レイシストは悪い人間だ。あなたは私が悪い人間だと言っているのか？
- 私を知って理解していれば、私がレイシストなどではないとわかるはずだ
- 私には非白人の友人がいるからレイシストではない
- 社会には何の問題もない。今のままでいいのだ
- レイシズムは○○しさえすれば解決できるシンプルな問題だ
- 私は客観的な世界観を備えた、唯一無二の人間だ
- 私に見えないものであるなら、それは正当でない
- レイシズムについて私よりも知識があれば、私よりも偉いのか？

こうした感情や行動や主張の裏に潜む思い込みがわかったところで、次にそれらがどう機能するのかを考えてみよう。

白人の心の脆さの機能

- 白人の結束の維持
- 自己洞察をやめる
- レイシズムの現実を取るに足らないものとして扱う
- 対話をやめる
- 白人の方が犠牲者だと言う
- 対話を乗っとる
- 限定的な世界観を固守する
- 人種を問題視しない
- 白人の特権を守る
- メッセージではなく、メッセージを伝える人を問題視する
- より多くの資本を白人に集める

こうした行動とそれを支える思い込みは、主張者を人種上公平な人にはしてくれない。実際

は全く逆である。むしろ考えたりかかわったりするための入り口をふさいでしまうのだ。そして人種間の不和を修正する能力を妨げてしまう。憎しみと憤りで煮えくりかえることで、人種間の分断を煽るのだ。すなわち、白人による人種をめぐる思い込みの蔓延と、それが引き起こす行動によって、レイシズムは保持されていくわけだ。

X　白人の心の脆さと関与のルール

レイシズムは個人による残忍な行為だという支配的な考えを前提にすれば、レイシズムが行使できるのは、意図的に非白人を嫌う悪人だけということになる。これは誤解に基づいた考えであり、有害でもある。実際、その考え方は、変革を起こすために必要な対話も自己洞察もほぼ不可能にするように、完璧に機能するのだ。人種差別的だと暗示されて激怒した人が、その指摘のされ方に怒りの矛先を向けることがよくある。何年も白人の仲間と仕事をしてきて私にわかったことは、（もちろん数多くの非白人も気づいていることだが）白人にとって避けられない、そしてしばしば無意識に行われる人種差別的な思い込みと行動パターンを他の白人に指摘するとき、そこには暗黙のルールが存在するということだ。白人の心の脆さ《ホワイト・フラジリティ》を引き出さずに済む唯一の方法は全く意見《フィードバック》しないことだと、私は気づいていた。このとき、左の一番目のルールだけが基本となってしまっている。

① どんな状況であれ白人のレイシズムについて意見をしないこと。しかし、この基本ルー

ルを破るのなら、次のルールに従わなければならない

②適切な話し方が重要——意見は静かに述べること。感情的になれば意見が無効になり、払いのけられてしまう

③互いを信頼すること。レイシズムについて意見する前に、相手が絶対にレイシストでないと確信すること

④互いの間に問題がないこと。人種と関係のない問題がある場合は、それを解決せずに、レイシズムについて意見をしてはいけない

⑤意見はすぐに述べること。時間が経つと無視されてしまう

⑥他の人がいる前で起きたことであっても、意見は他の人がいるところで述べないこと。その状況にかかわる他の人の前で意見することは、深刻な社会的違反となる。相手に恥をかかせないように話せなければ、意見は無効となり、意見した人は違反者となる

⑦できる限り間接的に話すこと。直接的な物言いは無神経で、意見の効果をなくし、関係性の修復が必要となる

⑧人種トークをしているとき、相手は白人として完全に安全でなくてはならない。レイシストだと思われたり、そのような兆候があると示唆されると危険を感じる。信頼を取り戻すためには二度と意見をしないことだ。ここで言う「安全」の真の意味は「快適」ということである

⑨人種上の白人の特権を強調しすぎると、相手が受けた（階級差別、性差別、同性愛者への

偏見、高齢者差別、障害を持つ人への差別、トランスフォビア等の）抑圧の体験を無効化することになる。すると意見をしている側が相手を抑圧することになるので注意すべきだ

⑩（常に善良な）相手の意図を認め、その行動がショックを与えたとしても、善意がそれを相殺することを認めなくてはならない

⑪相手の行動が人種差別的だと示唆するのは、相手を誤解することにつながる。意見をした自分にこそ誤解があったと自分が認められるまで、相手の説明を聞くべきだ

こうしたルールに矛盾があってもかまわない。なぜならルールの目的は、レイシズムを曖昧にし、白人の支配を維持し、白人の心の均衡を取り戻すことだからだ。ルールは効果を実にうまく発揮する。しかし我々白人は、レイシズムを不平等に組織された権力の制度として理解し、こうしたルールが一体どこでだれのために生じたのか、自問していかなくてはならない。

レイシズムを阻止する運動を活発に行う私たちがよく耳にするのは、白人の反レイシズムにおける「わかったぞ《ガッチャ》」カルチャーに対する苦情である。私たちはだれかを指さして、「お前はレイシストだ！」と鬼の首をとったように叫びたいために、重箱の隅をつつくように細かいことまで精査しているのではないかと疑われることがある。確かに白人の中には、こうした行動によって、自分は他の白人とは違うのだと考える傲慢な人もいるが、私の経験から言えば、それほどよくあることではない。至る所にある白人の心の脆さのせいで、誠実な白人が、他の白人に対していつどのように意見したらよいか悩んでいる光景を見る方がむしろずっと多い。白

人の心の脆さは、意見を述べる人を罰して沈黙へと追いやる。このようにして白人の結束を保つのだ。白人の特権を守り、レイシズムについて互いに説明責任を求めないという暗黙の了解があるのである。しかし、意見を述べる側が非白人の場合、「また人種を持ち出している」と非難され、白人の心の脆さがより（非白人にとって）不利な状況をもたらすこととなる。

レイシズムは異常ではなく普通のことなのだ。したがって意見こそが、我々が避けられない無意識の加担に気づき修正するためのカギとなる。それに関して、私自身が心がけているガイドラインを紹介しよう。

① いつどこでどのように意見を受けてもいい。それは私にとって必要な意見だ。意見をするのは容易なことではないとわかっているので、どんな形であれ、私は受け入れたいと思う。私は社会的、文化的、制度的に白人の権力と特権を持つ立場にあるから常に安全だし、それに対応することができる。対応できないとしたら、人種に対するスタミナをつける責任が私にあるのだ

② そして意見をしてくれた人への感謝を忘れるべきではない

このガイドラインが根ざしているのは、私には面目を維持する必要などないし、隠しだてもできないということだ。すなわち、自分に見えていないものがあることも、レイシズムに無意識に関与してそこから利益を得ていることも理解しているのが前提なのだ。主流社会において

私のレイシズムへの関与は日に日に強化されていく。その制度をつくったのは私ではないが、制度のおかげで私は不公平な利益を得て利用している。その制度を解消するのは私の責任だ。この制度における自分の役割を変えるためには懸命な努力が必要だが、それは一人で成し遂げられることではない。それがわかっているから、私は他人からの助けに感謝することができるのだ。

レイシズムについて考えるワークショップやサポートグループ、その他の教育フォーラムなどに参加する白人の進歩論者とは、事前に「信頼関係を構築」しておかなくてはならない場合が実に多い。ここにも白人の心の脆さが表れている。人種をめぐる社会正義の教育に携わる人は、「白人が人種上の信頼」を得ることを求めており、それが様々な形で表れていることに気づくだろう。それはたとえば、ファシリテーターがまず信頼関係を構築するための訓練に時間を費やさなくてはならないことや、信頼感をつくるための基本ルールやガイドラインを決めなくてはならないことや、さらには(「この場で私は信頼されていないと感じるから、何も言わない」のように)不参加を正当化しようとする人に対処すること、といった形で表れる。私は多くのファシリテーター仲間に、白人たちが求める信頼とは一体何だろうかと尋ねたことがある。財布を盗まれたり暴力を振るわれたりしないという意味ではないとは思うが、異なる人種が交流する場では、そういう意味での信頼が無意識に求められる場合も大いにあるだろう。そこには暗黙の偏見の力と、白人の冷酷で人種差別的な条件づけが関与している。しかし、一言で言えばそれは、「他の人が私をレイシストだと思っていないと確信できなければ、私は自分のレイシズムに取り組むことはできない」という考え方なのだと私は思う。
次の「信頼の構築」ガイドラインについて考えてみよう。

- 〈批判しない〉……人間として人を批判しないことはあり得ないので、このガイドラインは達成も実行も無理であり、機能的に無意味だ
- 〈思い込みを持たない〉……思い込みの本質は、思い込んでいることは自分自身が気づかないことだから、このガイドラインは達成も実行も無理であり、機能的に無意味だ
- 〈よい意図だと推測する〉……相手に与えたショックよりも意図が大事だというこのガイドラインは、攻撃者が相手に与えたショックよりも攻撃者の意図を優勢にし、攻撃者の意図を最重要視するものだ。本質的にこのガイドラインは、相手を傷つけるつもりさえなければ、被害者は痛みを忘れて前に進むべきだというものだ。このガイドラインは白人が人種上無垢《イノセント》であることを支持し、非白人に与える人種差別的なショックを最小化するものである
- 〈本当のことを言う〉……真実を語れというのはガイドラインとして不要のように思う。ワークショップなどのグループで、嘘をつくというパターンは経験したことがない。だが、自己防衛、距離を置いた行動、沈黙、リスクの回避、といったパターンは確かに見受けられる。人々が嘘をつくのを私は見たことがないが、実はここに、より重要な問題が存在している。もし、ある人の真実が、自分は人種間の差異を認識しないカラーブラインドだと

言うなら、どうだろう? レイシストの社会においてカラーブラインドである人などいるはずがないので、自分はカラーブラインドだと言うのは本当ではない。誤った信念なのだ。にもかかわらず、「本当のことを言う」というガイドラインでは、どんな信念をも真実かつ有効なものにしてしまう。反レイシズムの努力目標が、レイシズムおよびそれを支える誤った情報を認識し挑んでいくことだとすれば、あらゆる観点が同様に有効ではありえない。レイシズムのイデオロギーに根ざした考えを見つけ出して、それに対峙しなくてはならないのだ。私たちは、自分の信念を共有し、それがいかにレイシズムを支えているかを明らかにすることで、それと自分の信念を反論できない「真実」として述べることとを区別しなければならない。

- 〈相手を尊重する〉……このガイドラインの問題点は、尊重についてのきちんとした定義がほとんどされていないことだ。白人の言う「相手の尊重」が、非白人にとっては、全く尊重されていないと感じる環境をつくっているかもしれないのだ。たとえば、白人の「尊重」の定義は往々にして、衝突や強い感情表現や人種差別的なパターンに挑まずに、行為が相手に与えるショックよりも意図を重要視するというものだ。ところが、そうした環境こそが根拠のない、白人が占める中心的地位を支える環境となり、非白人にとって好ましくないものとなる

こうしたガイドラインの根底にあるのは、これらを普遍的に適用できるという、実証されて

いない思い込みである。これらのガイドラインは、不平等な力関係を考慮に入れていないので、人種を超えて同様に機能するわけではない。これらは主に白人の心の脆さによって引き起こされる、白人の心の脆さを甘やかすためにつくられた好都合なガイドラインなのだ。大多数の白人が快適さを保つために主張する条件は、人種をめぐる現状（白人が占める中心的地位、支配、無実の公言等）を維持するものに他ならない。非白人にとって人種をめぐり不利な現状は断ち切るべきであり、強化すべきではない。信頼の基本的なメッセージは、親切にすべきだということである。白人の最も有力な規範によれば、人をレイシストだと暗示するのは「親切」ではない。

上記のようなガイドラインは非白人に対して弓を引くことにもなる。「人種差別的な行動パターンがあると私に挑んでくるあなたは、私の行動の根底にレイシズムがあると思うかもしれないが、それは証拠のない思い込みでしかない。思い込みはあってはならない」、あるいは「私の行動はレイシズムと何ら関係がないという私の真実を、あなたは否定している」といったように、今度は非白人のあなたが罪人となる。こうした状況によって非白人の重荷が増大する。それは彼らが常に抱えるレイシズムという重荷——自分のニーズが脇に置かれ、白人のニーズに焦点が当てられるという重荷——なのだ。白人の心の脆さを矯正する手段とは、自分たちが引き起こしたレイシズムの苦しみの証言者となる持久力をつけることである。非白人に、我々の否認を認めるよう押しつけることではない。

もちろん、互いに思いやりをもって努力しながら進めていくことが理想だ。好ましくないことについては、非難されたり批判されたりせずに内輪だけで考える方がずっと楽に違いない。しかし、実際だれかに「お前はレイシストだ！」と指さされたらどうだろう?（このような非難をリベラルな白人は最も恐れている）。そんなときでも、自分の人種差別的な行動パターンを認識して変えようと努力することが、自分に課された責任なのだ。それを目的とする非難であれば、どんなに慎重にあるいは間接的に受けた非難であっても受け止めて、大きな目標に目を向けるべきだ。いかなる方法で指摘されたとしても、指摘されたことを不当だと言ったり、かかわるのをやめたりする言い訳にしたりしてはならないのだ。

指摘してくれた人と指摘された内容とを切り離して、内容だけに目を向けるのには高度な技術が必要だろう。独善的な言い方をされると、切り離すのが特に難しくなる。したがって、親切な言い方でより早く伝えてもらえるのなら、私は全くもって賛成だ。ただ、私はもらった意見について努力できるようになるまでは、意見をくれた人に何も要求しない。意見そのものと、それを与えてくれた人とを分けて考えることも、その趣旨を確認することも、それを自分の成長に役立てることもすべて、意見に対応するためのプロセスなのだ。なかなかそこまで行きつけない人が多いが、努力が必要だ。私は人種をめぐる社会正義のための運動をしている多くの白人グループに参加したことがあるが、そこでは参加者が互いに親切に思いやりを示し、「信頼感を壊さない」ように多大な労力を費やしていた。しかし、それにエネルギーを使いすぎて、グループの規範を壊さずに互いの問題行動のパターンを指摘し合うことができなくなっていた。思いやりに透明性と、レイシズムを指摘してそれに挑む勇気とをプラスしない限り、このアプローチは白人の心の脆さを庇うだけのものになり、それ以上の挑戦ができなくなってしまう。

本書を通じて伝えようとしてきたのは、西洋社会で育った白人は、白人至上主義的な世界観に条件づけされているということだ。それが我々の社会とその組織の基盤を成しているからである。親から人はだれでも平等だと教えられたり、郊外にある白人だけの学校の廊下に多様性を重視するポスターが張られていたり、外国へ旅行したことがあったり、職場や親戚に非白人がいたりしても、どこにでも姿を現す白人至上主義の社会化の力を回避することはできない。白人至上主義のメッセージはその意図や、意識や、同意の有無にほとんどかかわりなく、四六時中、繰り返され続けている。このことを理解して対話に臨めば、自分たちの人種差別的行為が（現れるかどうかではなく）どのように現れるかに注意を向けることができて、私たちはより自由に考えられるようになる。善／悪の二元論を乗り越えられれば、自分の人種差別的な行動のパターンに気づきたいと願うようになるだろう。そして、自分が他者の目にどう映るかよりも、そのパターンを断ち切ることの方がより重要に思えるだろう。

繰り返して言おう。自分はレイシズムなど持たないと他人を説得しようとするよりも、もっと大切なのは、自身の人種差別的な行為のパターンを断とうとすることだ。私たち白人はレイシズムを持っている。非白人はすでにそれを知っているから、自分はそうではないと証明しようとしても説得力がない。白人の心の脆さと結束力のせいで、こうしたパターンに真摯に向き合うことは簡単ではないだろう。それでも向き合うことが必要なのだ。

XI 白人女性の涙

だって、私たち姉妹じゃない！ あなたの苦しみは私の苦しみよ！

白人の涙という言葉は、レイシズムが私たち白人にとってどれほどつらいかと嘆くことで、文字通りあるいは比喩的に白人の心の脆《ホワイト・フラジリティ》さを表すすべての形を表現している。私は仕事を通して、いつも様々な白人の涙に遭遇しており、多くの文筆家もすでに優れた批評を加えてきた。[1]様々な人種が集まる場で白人女性が流す涙の例を一つ紹介しよう。この例は、白人の涙に非白人が抱くフラストレーションと同時に、自分には自由に涙を流す資格があるという白人女性の感覚を表している。

武器を持たない黒人男性がまたしても警察に射撃されたとき、私の職場では、ランチタイムに希望者が気軽に集まって、話し合ったり、支え合ったりするためのミーティングが企画された。ミーティングの前に、一人の非白人女性が私にこっそり、自分も参加したいけど「今日は、白人女性の涙を見る気分じゃない」と言うので、私が「何とかするから大丈夫」と説得した。ミーティングが始まり、私は白人の参加者たちに、もし泣きそうになったら部屋から出てほしいと伝えた。私もあなたと一緒に外に出て支えるけれど、様々な人種が集まっているところでは泣かないでほしいと頼んだのだ。しかし、その話し合いのあと、なぜ非白人の前で泣いてはいけないのかと憤慨する一人の白人女性に、一時間もかけて説明をさせられる羽目になった。

心から感情を表すことは重要であり、進歩的な価値があることは私にも理解できる。それが特に人種をめぐる不正義についてなら、なおさらだ。感情を抑えるのは、相手とかかわったり、相手に同情したり、相手を支えたりすることに反していると思う。なのに、なぜ非白人の同僚は私にそんな要求をしたのだろう？ なぜならば端的に言って、白人女性がこういう場で流す涙は非白人に大きなショックを与え、それはレイシズムを改善するのではなく、逆に強力にそれを刻み込み直すことになるからだ。

私たちの多くは、感情は自然に起きるものだと考えている。しかし、感情は二つの重要な意味において政治的なのだ。一つは、私たちの感情が文化の枠組みである偏見や信念によってつくられていること。たとえばもし私が、男性が怒りを表すのは普通のことであり適切だが女性はそうではないと意識的あるいは無意識に信じているとしたら、男女の怒りに対する私の感情的な反応は大きく違ってくるだろう。怒りを表す男性は有能で責任感があって、尊敬できるかもしれないが、腹を立てる女性のことは大人げなくて、自己制御できない人だと軽蔑するかもしれない。もし私が、悪人だけがレイシストだと信じていれば、自分で気づいていない人種差別的な思い込みをだれかに指摘されたら、傷つき、感情を害し、恥ずかしいと思うだろう。一方、人種差別的な思い込みは避けがたい（でも変えられる）と信じていれば、無意識の差別的な思い込みを指摘されれば、ありがたいと思うだろう。気づけることによって思い込みを変えられるのだから。このように、感情とは自然なものではない。感情は、私たちが社会的な関係性を理解するのに利用している枠組みがもたらす結果なのだ。そして当然、社会的関係は政治的である。感情は外面化することが多いという意味でも政治的だと言える。感情が起こす行動が他の人にショックを与えるのだ。

異なる人種が交流する場で白人女性の涙が問題になるのはなぜか。それには、他の人に与えるショックという面でいくつかの理由がある。たとえば、白人女性に苦痛を与えたという理由で黒人男性が拷問にかけられ殺害されてきた長い歴史を、私たち白人女性は背負っている。そのため、私たちの涙は特にアフリカ系アメリカ人に、歴史上の残虐行為を思い起こさせる。そのよい例が一九五五年の、一四歳のエメット・ティル少年の身に起きた悲劇的な事件だ。ミシシッピ州の食料品店で、ティル少年に色目を使われたと、白人女性キャロリン・ブライアントが夫のロイ・ブライアントに報告した。そして数日後、ロイと彼の異母兄のJ・W・ミラムがティル少年を大叔父の家から連れ出してリンチにかけ、殴り殺し、遺体を切断して、タラハッチー川に沈めた。しかし裁判では、全員白人の陪審員が二人を無罪にしたのだ。後になって二人は殺害を認め、しかも二〇〇七年にはキャロリン・ブライアント本人が申し立てを撤回し、嘘をついたことを認めた。エメット・ティル少年の殺害は、「白人女性が泣くと黒人男性が傷つくことになる」というアフリカ系アメリカ人の同僚たちがよく口にする警告をつくった、歴史の一例である。こうした歴史に無知で無神経であることも、また白人の中心主義、個人主義、人種に対する謙虚さの欠如などを表している。

異なる人種が交流する場で善意の白人女性が泣くことは、無邪気《イノセント》に見えるがためにかえってそれは、白人の心の脆さを致命的に表したものだと言える。そういう場で泣く理由は色々あって、人種差別的だと指さされたのかもしれない。白人にはレイシズムが避けがたいということが理解できない人は、それを指摘されると倫理観を非難されたと思って、感情を害するのだ。あるワークショップで起きたことが、これを如実に表している。一人の黒人男性が意見がうまく言えなくて、自分のことをバカだと言った。すると同僚の黒人女性のファシリテーターが、「あなたはバカではありませんよ。そう思うとしたら、それは社会があなたにそう思わせているのですよ」と優しく反論した。彼女が続けて、内面化したレイシズムの力について説明していたとき、一人の白人女性が「彼が言わんとしたのはね……」と割り込んできた。そこで黒人女性のファシリテーターが、白人女性が自分こそが黒人男性を最もうまく代弁できると考えたこと自体が、実はレイシズムをさらに強化するものだと指摘した。白人女性は泣き始めた。ワークショップは完全に中断された。参加者のほとんどが急いで彼女を慰めに行き、黒人ファシリテーターを不公平だと責めた（レイシズムがどう表れるかを学ぶために集まった参加者なのに、それをファシリテーターが指摘すると、とんでもない！　と非難したのだ）。そして白人女性が代弁しようとした黒人男性はほったらかされ、彼女が人々に慰められるのを、ただぽつねんと眺めているだけだった。

あるとき、非白人の同僚がこんな話をしてくれた。人種をめぐる社会正義のための運動をしている団体に新しく白人女性が雇用され、長年この団体で活動してきた非白人の女性たちからトレーニングを受けた。その後すぐに、この白人女性がフルタイムのスーパーバイザーに抜擢された。この人事が発表されたとき彼女は、自分が新しい仕事を覚えるのを支えてほしいと、涙ながらに非白人女性たちに訴えた。この新しいスーパーバイザーにとってこの涙は、まだ自分には人種に関する知識があまりないので、周囲からサポートしてほしいという謙虚な気持ちの表れだったのだろう。しかし、非白人の女性たちは不公平な人事、自分たちの能力の無力化、自分たちの生活の責任者となった白人における人種認識の欠如という、いくつもの問題に対処しなくてはならなくなったのだ。感情的な反応を抑えようとする一方で、困ったことには彼女を慰めるふりをしなければ、自分たちが無神経で腹を立てていると思われるリスクもあった。

レイシズムに関する何らかの問題で、白人女性が意図的であってもなくても、涙を流せば即座に彼女にあらゆる目が注がれ、本来はレイシズムの改善に使われるべき時間とエネルギーと配慮が、全員に要求されるのだ。そして彼女が注目の的となっている間、非白人の人々はまたしても、見捨てられるか責められることになる。モーガン州立大学のグローバル・ジャーナリズム及びコミュニケーション研究科でマルチメディア・ジャーナリズムを教えるステーシー・パットン助教授は、白人女性の涙をこう批判している。「そうすると彼女たちが悪い人ではないと慰めたり安心させたりすることが、私たちに求められるのだ」[2]。反レイシズムのストラテジスト兼ファシリテーターのリーガン・プライスは、批判的人種理論の研究者キンバリー・クレンショーの説を次のように言い換えて説明している。「交通事故の現場にかけつけた救急隊員が、はねられた人が血を流しながら道に横たわっているというのに、はねた車の運転者を慰めるようなものです」。普段、そして特に破壊的なことが起きた場合、レイシズムの作用によって、白人の苦痛や苦しみや犠牲の方が、より重要視されるのだ。

白人男性にも当然、人種をめぐる心の脆さがあるが、私の知る限りでは、異なる人種間の対話の場で、それが泣くという行為になって表れることはない。男性の心の脆さは次のように支配的、威嚇的な様々な形で表出されることが最も多いのだ。

- 一番最初や、一番最後に発言したり、最も多く発言したりすることで会話を支配する
- 「わざと反対意見を述べる」ことで、傲慢かつ陰険に人種不平等を無効化する
- 短絡的で不遜なレイシズムへの「答え」を主張する（「……しさえすれば解決するんだ」）
- 「逆差別」の犠牲者のふりをして憤慨する
- お決まりの「人種カード」を切ったと相手を責める
- 沈黙したり立ち去ったりする
- 態度で敵意を示す
- 話を変える（「階級こそが真の抑圧なのだ！」）
- 見識ぶって距離を置く（「この本を読むといいよ……」）
- 非白人や白人女性の人種をめぐる分析を「訂正」する
- レイシズムと非白人の体験について、もったいぶって解説する

こうした行為はどれも、人種の問題を払いのけたり、対話を支配し続けたり、自分の立場への挑戦をやめさせたり、自分の優越性を改めて主張したりするものだ。

個人の行為だけがレイシズムではない。人種差別的な制度は自動的に再生産されているのだ。それを断ち切るには、レイシズムの規範、仕組み、制度を認識して、それらに挑んでいかなくてはならない。しかし、私たち白人の利益になるため、人種間の不公平な関係は多くの白人にとって快適なのだ。したがって、もし我々白人がこの制度を断ち切ろうとするなら、まず自分たちが人種をめぐる不快さを体験し、自分たちの人種へのかかわり方がどんな影響を与えているか、進んで検証すべきである。そのためには、異人種間の対話で、怒り、自己防衛、自己憐憫といった反応に身を任せてはならない。まずは自分の反応の原因と、それが他の人にどんな影響を与えるかを考える必要がある。

罪悪感によって流される白人の涙は、わがままだ。私たちは罪悪感に陥ると、自己陶酔的になり、無力になる。罪悪感は、行動を起こさないことの言い訳なのだ。さらに言えば、我々はこれまでほとんど、人種を超えた真の関係を持ったり継続させたりしたことがなかった。したがって、我々が涙を流したとて、それまで支援すらされてこなかった非白人にとって、それは結束の印には見えないだろう。白人の涙は、建設的な行動につながらない無気力な反射行動でしかないのだ。いつ泣くべきか、いつ泣かないべきなのか、それはなぜなのか、我々はしっかり考えなくてはならない。実際、何が私たちを動かすのか？　私たちの多くはレイシズムの機能や、自分の役割について学んでこなかったため、無知や認識していなかったことに対するショックや悲嘆によって涙を流すのかもしれない。しかし、非白人から見れば、白人の涙は我々が人種上の庇護を受け、特権を与えられてきたことを示しているに過ぎないのである。

この章のはじめに出てきた非白人女性に、私が挙げた涙の理由のリストに付け加えることはないかと尋ねたところ、彼女はこう答えた。

それは私たちの体験に対する不遜で無礼なことであり、腹が立ちます。私たちは感情を持つことすらほとんど許されないのに、あなたたちは自分がつらいと泣くわけです。恥ずかしいというような気持ちで泣くのかもしれませんね。でも私たちは、面倒なやつだと思われかねないので、いかなる感情も持つことも許されないのです。私たちは冷静さと強さを保っていなくてはなりません。さもなくば、「怒れる恐ろしい非白人」になってしまいますから。私たちが感情を持つことが許されるのは、あなた方の娯楽のため、たとえば葬式のような場合だけです。そんなときでも、どんな感情を表していいのか、求められる感情が決まっているのです。私たちは来る日も来る日も虐待され、殴られ、レイプされ、殺されています。でも、あなたたちにとって重要なのは自分の悲しいという気持ちだけです。あなたたちの涙を受け入れるのがとてつもなく困難なのは、そういうわけです。

確かに私も、異なる人種間の対話で人の話に涙した経験がある。涙が感謝されるときだってあるだろうと思う。それが、非白人が受けるレイシズムのつらさを正当と見なし、それを証言するための涙になることもあるだろう。でも私は、いつどのように泣くかについて、とても注意深く考えるようにしている。大げさにならないように静かに泣き、人が慰めようと駆け寄ってきても、私は大丈夫だからと慰めは受け取らない。そして先へ進んでいくのだ。

私たちを愛する男たち

ここまで一般的な力学について述べてきたが、異なる人種間の対話の場で流される白人女性の涙は、男性には特別な影響を与えるのだ。白人女性の涙があらゆる人種の男性をあやつるのを私は見てきたが、この小細工がもたらす結果は人種によって異なる。白人男性は、人種とジェンダーのヒエラルキー上、最も高い位置にある。したがって彼らは、自分自身だけでなく他者の現実をも規定する権力を持つ。この現実には、だれの体験を正当と見なすかだけでなく、だれがそもそも正当かということまでが含まれている。白人の人種枠《レイシャル・フレーム》の中でも、あらゆる女性が承認される価値があるとされているわけではない。たとえば、白人の好む神話に反して、積極的差別是正措置《アファーマティブ・アクション・プログラム》の主な恩恵を受けたのは非白人ではなく、白人の女性だったのだ。白人男性は強いられることによって、白人女性の人間性を認めざるを得なかった。なぜなら彼女たちは、彼らの姉妹や妻や娘であったから。そして当然、こうした関係を通じて白人女性による資本へのアクセスが増し、それは白人男性にも利益をもたらした。しかし、この人間性はいまだに非白人の女性には与えられていない。

さらに白人男性は、苦痛とは何か、だれの苦痛を正当とするかを決めることもできるのだ。異なる人種が交流する場で白人男性が白人女性を救済するとき、彼らは「苦難にある乙女」を助ける勇者となり、そのようにして家父長制が助長される。白人女性を被害者として正当化することで、白人は男女共に社会資本への権利を増していく。非白人は捨て去られ、またしても、非白人を犠牲にして白人に対する資本の割り当てが増大するのを、ただ耐えて見ているしかないのだ。

非白人男性もまた、そういう状況で白人女性を助けるかもしれない。それは性差別や家父長制への条件づけによって引き起こされる行為とも言える。だから非白人男性は、より多くのレイシズムに対処しなくてはならない。その重荷は歴史を通じて、特に黒人男性にとって時に死に至るほどのものだった。白人女性の異なる人種に対する極度の不安によって殺害されたティル少年の亡霊をはじめとして、数えきれないほど多くの黒人男性が殴られ殺される状況が今も続いているのだ。だから生き残るために、白人女性の悲嘆をできるだけ急いで和らげようとするのかもしれない。白人女性の救出に関しては、非白人の男女間にも分裂が起こる。そういう場に立たされた非白人男性は、救出によって社会的資本を得て立場を向上させるわけではない。彼は生き残るために、非白人ではなく白人女性を助けなくてはならない苦悩に耐えることを余儀なくされるのだ。

白人は白人至上主義の残酷さと、それへの加担について深い悲しみを感じるべきだ。毎日のように起こる人種上の不正義に無感覚になることが、白人至上主義を持続させるカギとなっているのだ。私たちの深い悲しみは、変革を持続させる行動へとつながらなくてはならない。感情は内面の枠組みを表す指針だ。感情は、より深い自己認識へ、そして行動へとつながる入り口になることができる。私たちの根底にある感情（無知であることの恥ずかしさ、人を傷つけた罪悪感、自分が誤解されているに違いないという心のしこり）をしっかり検証することで、こうした枠組みに取り組めるようになる。また、他者の感情にどう反応するか、そしてそれによって人種やジェンダーのヒエラルキーがどう強化されるかについても、よく考えなくてはならない。人種を通じた社会化を経てきた私たちは、意図や自己像にかかわりなく、人種差別的な行動を繰り返すように仕立てられているのだ。私たちは、レイシズムがどのように現れるかを自問するべきなのだ。レイシズムが現れるかどうかではなく。

XII　ここからどうすればいいのか

公平性支援チームが、新しいウェブ開発者とのミーティングに招かれたときのことです。チームは黒人女性二人と私の三人です。新しいウェブ開発者も黒人女性で、私たちのホームページをつくるために話を聞きたいと言ってくれたのです。まず彼女は私たちにアンケートに記入するように言いました。質問の多くは、私たちが対象とするユーザー、メソッド、ゴール、目標などについてです。質問が退屈でイライラした私は、アンケートを脇に置いて、口頭で答えようとしました。私たちは反レイシズムのトレーニングを、サテライトオフィスで行っているのだと彼女に言いました。トレーニングがいつもうまく行くとは限らないことも付け加えました。実際にチームのうちの一人は、もう来ないでほしいと言われたこともあったのです。私はそれを冗談まじりに、「白人たちがデボラの髪型を怖がったのよ」と言いました（デボラは黒人で長いドレッドヘアの三つ編みを下げています）。その日のミーティングが終わりました。

数日後、チームの一人が、ウェブ開発者（アンジェラと呼びましょう）が、ドレッドヘアについての私のコメントで気分を害していると言うのです。そのときは注意すらしていませんでしたが、今言われてみると、まずいコメントだったことにすぐに気づきました。そこで、人種間の力関係をよく理解している白人の友人に相談しました。困惑、恥辱、罪悪感などの気持ちを打ち明け、彼女に助けられながら、そのコメントによって私の人種差別的な考えが様々な形で表れたことを確認することができました。このプロセスを経たことで、アンジェラとの関係を修復する準備ができたと感じました。アンジェラは会うことを承諾してくれました。

私はまずアンジェラに尋ねました。「あの日のミーティングでの、あなたに対する人種差別的な振る舞いを正させてくれますか？」。彼女の了解を得て、私はこう続けました。「デボラの髪型についてのコメントが不適切だったことに気づきました」と。

アンジェラはうなずいて、こう説明してくれました。彼女は私のことをまだよく知らなかったので、黒人の髪型（多くの黒人女性にとって髪型はデリケートな問題である）について、信頼関係がまだない白人女性と冗談を言い合いたくなかったこと。仕事のミーティングだったので、なおさらそう思ったのだと。

私は謝ってから、ミーティングの場で他に何か問題はなかったかと尋ねました。

「ありましたよ。あのアンケートね、あれを書いたのは私です。私は生まれてこの方、白人に対して自分の知性を証明しようとしてきたのです」

あのとき、私が気軽にアンケートを却下したことが彼女にどんなショックを与えていたかにすぐ気づいて、私は胸が苦しくなり、彼女にそう伝えて謝りました。

彼女は私の謝罪を受け入れてくれました。私たちがここから前進するために言いたいことや聞きたいことはないかと、アンジェラに尋ねました。

彼女は私にこう尋ねました。「次にこういうことが起きたら、あなただけに意見をした方がいいですか？　それともみんなのいる前で言ってもいいですか？」

私は教育者ですから、みんなの前で意見をしてもらいたいと答えました。私も生涯通じて学び成長し続けなくてはならないということを、他の白人にも知ってもらうことが重要だからです。それに、自己防衛をせずに意見を率直に受け止める手本になりたいとも思いました。

アンジェラは、こうした力関係は白人と非白人の間で日常的に生じることだと言います。でも、私のように進んで修復しようとすることは稀なので、ありがたいと思うと言ってくれました。こうして私たちは先へ進むことができました。

第Ⅸ章で白人の心の脆さ《ホワイト・フラジリティ》に共通して見られる感情、行動、主張、根底にある思い込みなどについて述べた。この章では、人種をめぐるパラダイムがシフトすれば、これらの要素がどう変わっていくかを考えていこう。

このアンジェラとのやり取りがなされたのが、私がこの仕事を始める前だったら、これほど建設的に受け止めることができなかったのではないかと思う。私がまだ支配的なパラダイムにとらわれていたら、きちんと対応できなかったに違いない。アンジェラが嫌な思いをしていると同僚に言われたとき、おそらく私は不安にかられて、すぐに同僚に自分の意図を説明しようとし、彼女から理解と許しを得ようとしただろう。さらには、自分は不当な非難を受けた被害者で、アンジェラのしたことを不公平だと思っただろう。そんな反応によって、アンジェラと交流する機会を失い、自分の狭い世界観を守り、感情的にも知的にも成長することができなかっただろう。こうした自己防衛的な行動を、非白人は来る日も来る日も白人から受けているのだ。彼らがあまり私たちと話し合おうとしないのも無理はない。

しかし、パラダイムをシフトさせればどうだろう。無意識で避けがたいレイシズムのパターンを指摘されたとき、私たちは次のような全く異なる感情を持つことができるかもしれない。

- 感謝
- 興奮
- 当惑
- 罪悪感
- 変わろうとする意欲
- 謙虚
- 思いやり
- 興味

こうした気持ちになれば、次のような行動を起こせるかもしれない。

- 反省する
- もっと理解しようとする

- 謝罪する
- 取り組む
- 耳を傾ける
- しっかりかかわる
- 対処する
- 信じる

こうした感情や行動が可能になったとき、次にどんな主張ができるようになるだろうか？ ここに挙げた主張はどれも公平で謙虚な主張だ。誤解されているとか、非難されているとか、話し合う意味などない、とするような主張ではない。

- 意見《フィードバック》してくれてありがとう
- 助かります
- 自己防衛や自己満足に陥らないようにするのが自分の責任です
- つらいけど、刺激を受けるし大事なことだと思います
- あっ！ 失礼！
- こういうパターンに陥るのは避けがたいことだけど、変えたいと思います
- 私個人だけのための意見ではありません
- 意見してくれた人でなく、意見の内容に注目します
- つらくてもレイシズムの苦しみの証人になれるような力をつけなくては
- さあ、取りかかろう

こうした感情や行動や主張は、読者にとっても馴染みのないものばかりだろう。それほど稀なことなのだ。しかし、レイシズムへの基本的な理解が変われば、私たちの思い込みやそれによる行動も変化するだろう。私たちの思い込みが次のように変わっていったとき、環境や相互作用や規範や政策にどんな影響を与えることができるだろうか。

- 善／悪二元論は問題ではない
- レイシズムは私たちの文化に多層にわたって織り込まれた制度だ
- 私たちはだれでもレイシズムの制度の中で社会化されている
- レイシズムは避けられない
- 白人には、そして自分にも、レイシズムに関して見えていない部分がある
- レイシズムは複雑だからすべての微妙なニュアンスが理解できないとしても、意見を受け止めることができる
- 白人は（そして自分も）レイシズムに無意識に加担している
- 偏見は潜在的で無自覚だ。自覚するためには、常に大きな努力が必要だ
- 白人にレイシズムについて意見するのは非白人にとって危険なことだ。だからこそ意見を受け止めることが信頼の証となる
- 白人のレイシズムについて意見するのは困難だ。意見がどのようになされたかより、そ

の内容を重要視しよう

- 真の反レイシズムとは白人にとって心地よいものではないかもしれない。しかし、その居心地の悪さこそが成長のカギとなる
- 白人の快適さこそが人種をめぐる現状を維持させている。だから居心地の悪さを感じることが必要で重要なのだ
- 快適さと安全とを取り違えてはならない。白人の私は、レイシズムについて話し合っても危険ではない
- 罪悪感の解毒剤は行動である
- 白人の結束を破るには努力がいる。結束から抜け出した人々をどう支援すればよいか、という問題だ
- 私は自分の集団の重要な歴史を背負っているのだ
- 自分が社会化されてきたことを踏まえれば、おそらく自分の方が問題を理解していないことに気づくだろう
- 私は決してレイシズムの圧力を免れることはない
- 様々なことを考慮に入れて自己分析すべきだ（階級、ジェンダー、能力といった他の社会的アイデンティティを認識することによって、自分が人種という制度の中でどう社会化されてきたかがわかるだろう）
- レイシズムは非白人を四六時中、傷つけて（殺してさえ）いる。それを断ち切ることの方

が、自分の感情やエゴや自己像よりも重要だ

そして次のように考えれば、様々な方法でレイシズムを解消できるかもしれない。

- 自己防衛をできるだけ減らす
- 自分の脆さを示してみせる
- 興味と謙虚さを表す
- 成長する
- 世界観を広げる
- 行動を起こす
- 自分にとって価値があると公言できることを実践する
- 真の関係と信頼を築く
- 特権を守る快適さを阻止する
- 内なる優越感を断ち切る

レイシズムと白人の心の脆さについて何をすべきかと白人に聞かれたとき、私はまずこう尋ねる。「しっかり教育を受けて職業を持つ大人になってもレイシズムのことがわからないのは、一体なぜだと思いますか?」。これは誠実な疑問なのだ。周囲に多くの情報があったのに、非

白人が私たちに何年も訴え続けてきたのに、なすべきことを知らないでいられたのは、どうしてだろうか。この質問を真摯に受け止めて、なぜわからないまま過ごしてきたのか、あらゆる点について綿密に考えれば、きっと指針が示されるだろう。たとえば、もしレイシズムについての教育を受けなかったからという答えなら、学ぶ必要がある。非白人に知り合いがいないからというのなら、非白人との交流を持てばいい。周りに非白人がいないせいだという理由なら、自分の安全地帯から出て環境を変えればいいだろう。努力せずにレイシズムに対峙することはできない。

次に私はこう言う。「こうしたことを習得し自分の中に取り込むために、できることは何でもしてみましょう」と。私たち白人が、本当にこうしたことができるようになれば、人間関係だけでなく、制度も変わるだろう。私たちこそが、制度を変えるのだ。しかし現在のパラダイムでは、レイシズムを終わらせることは端的に無理なのである。

そして最後に私は、「率先して、自分で解明しましょう」と助言する。私たちは白人性《ホワイトネス》の条件づけによって、レイシズムに対して無関心になり、レイシズムを阻止するスキルを育てられなくなってしまった。そこから逃れるために自分にできることは何なのか、白人自身が見つけなければならないのだ。現代には、優れたアドバイスがたくさんある。非白人が書いたものも、白人が書いたものもある。探究してみよう。白人性の無関心から抜け出し、この問題をあなたがどれほど重要視しているか、いかに努力が必要かということを示してほしい。

こんなたとえで考えてみよう。あなたは医師に聴神経腫だと告げられた。医師が詳しい説明と治療の選択肢についてあなたに話そうとしていたそのとき、医師が緊急呼び出しを受けて診断が中断されてしまった。あなたはどうするだろうか? 家に帰ってインターネットで、その病についてどんなことでも知ろうとするだろう。同じ病の人たちの自助グループに参加するかもしれない。たとえ医師が緊急呼び出しされなくて、病気について説明と助言をしてくれたとしても、それでもあなたは家でリサーチをするだろう。命にかかわるかもしれない一大事について、複数の意見を得ようとするだろう。要するに、情報を得たいと思うほどに心配だということだ。レイシズムも同様に生死を分かつ重要課題だ(実際に非白人にとってそうであるように)と考えて、情報集めをしよう。

関係修復

私がアンジェラにしてしまった人種差別的なことについて再び考えてみると、私の行動はいくつかのステップ――前述の思い込みと行動のリスト(反省、謝罪等)に基づいたステップ――に沿っていたことがわかる。問題行動に気づいてすぐに行ったのは、白人の知人と一緒に、自分がどう反応すればよいか考えたということだ。私の気持ちを思いやったり、私を安心させたりするのはアンジェラの仕事ではない。相談相手を選ぶときも、アンジェラを神経質すぎると責めるのではなくて、私に説明責任を求めてくれる人を選ぶよう留意した。そして、(当惑、罪悪感、恥、後悔といった)気持ちを発散させてから、私がどのようにレイシズムを助長させたかを相談相手と一緒に精一杯努力して考えた。こうして私はアンジェラのところへ戻る準備ができたのだ。なぜまた彼女に会いたいか、私の気持ちははっきりしていて、そこには何の偏見もなかった。そしてアンジェラに、会ってもらえるかどうかを尋ねた。断られてもいいという心の準備もできていた。彼女からの拒絶を受け入れられないようなら、まだ心から謝る準備が私にできていないということになるからだ。

次にアンジェラと会ったときには、私はもう自分がレイシズムを持っていることを受け入れていた。そして、意図がどうであれ、私の行動が与えたショックに焦点を合わせ、そのことを謝罪した。「もしもあなたを傷つけたのなら……」という消極的な言い方はしなかった（そういう言い方で謝罪するのは、レイシズムの被害者に責任を負わせようとする狡猾なやり方なのだ。私が違反行為をしたとしてもそれは本質的には攻撃ではないし、多くの人はそれを侮辱的だと受け取らないだろうけれど、あなたがとても神経質で傷ついたのなら謝りますよ、と間接的に言うことなのだ）。私は自分の行動が侮辱的だったと、率直に認めた。そして私も、気持ちの整理を手伝ってくれた友人も白人なので、あらゆる力関係を理解しているわけではないと思うこと、そして何か見落としたことがあれば言ってほしいとアンジェラに伝えた。すると彼女はさらに詳しく話してくれて、私はその意見を受け止めて謝った。これからはもっと気をつけると約束し、前に進むために言っておきたいことや聞きたいことがないかとアンジェラに尋ねた。

そして実際に私たちは前進することができた。この出来事で信頼が薄れることはなかった。むしろ前よりも信頼感が増したのだ。信頼を得るためにアンジェラを犠牲にしたことは後悔したが、取り返しのつかないことではなかった。私に人種差別的な行動パターンがあるにもかかわらず、多くの非白人の知り合いは、見捨てないと言ってくれた。私が人種差別的な行動をするのは、社会が私を社会化してきたからだと彼らにはわかっているからだ。彼らが望んでいるのは完璧さではない。起きたことについて話し合い、改善する力を持つことなのだ。残念なことに、白人にとって避けがたい人種差別的な行動パターンについて、白人自身が責任を感じたり、改善しようとすることは稀である。そのため白人との関係が非白人にとっては、稀薄なものとなってしまうのである。

前進

私は第Ⅳ章で、人種に関する学習を非白人に頼ってはならないと忠告し、そうすることがなぜ問題なのかも述べた。しかし非白人が教えてくれなければ、これについての情報を得られないと考える読者もいるだろう。情報は相互に連関性のある様々な方法で知ることができる。たとえば、本、ウェブサイト、映画などから情報を得ることができるだろう。非白人の中には、レイシズムについて白人に教えることに熱心な人も現に多い。彼らは何十年も、いや何百年も、そういった情報を発信してきている。私たち白人の興味や動機の欠如が、それを受け取るのを阻んできたのだ。

特別な授業をとらなくても、学校や大学でこうした情報が与えられるように要求することもできるだろう。人種をめぐる社会正義のための運動をしている白人の団体に参加してもいいだろう。人種を超えた真の関係をつくり、積極的に目を開き、よく聞き、学ぶこともできる。こうして築いた関係性の中で直接質問をしたり、率直な情報を求めたりすることもできる。しかし、ただ生活の中で融和を求め、注意を払っているだけでも、学ぶべきことがわかってくるはずだ。

私たち白人は、ほんの少し考えさえすれば、自分にも備わっている人種やレイシズムに関する知識を掘り起こすことができる。たとえば、私たちが受け続けてきたメッセージや、与えられた特権や、どのように優越感を持つように社会化されてきたか（そんなふうには感じていないと否定しながら）、そしてこれらすべてが私たちの生活にどう表れているかについて考えてみよう。

この仕事を始めた頃は、自分の人種差別的な行動パターンや思い込みについて、非白人から意見されることがとても怖かった。でも今は歓迎している。意見をしてくれるのはよい関係が保たれている証拠なのだ。それが自分自身の白人の心の脆さを阻止するために学んだ最も重要なことだと言えよう。もちろん、意見されていい気分になることなどはめったにないし、ときには困惑したり身構えたりすることもある。しかし同時に私は、問題含みの行動を繰り返すことが避けがたいということも理解している。非白人がリスクを冒してまで意見するほど私を信頼してくれているのは、喜ばしいことなのだ。

快く受け取ってくれそうもない白人には意見などしないと、多くの非白人は言っている。そして、白人が自覚しない差別を我慢するか、その人と疎遠になるしかないと言う。レイシズムについて率直に話せない白人には親近感が持てないし、常にある程度の距離を置き、本当の関係は築けない。何らかの仕方で自分のレイシズムが露呈してしまうと非白人の友人に見放されるのではないかと案じるかもしれないが、実際はその逆なのだ。意見をしっかり受け止めて過ちを改善しようとすれば、関係性はむしろ深まるだろう。自分は人種差別的などではないと説明したところで非白人は騙されないし、私たちとの距離を縮めてくれるわけでもない。

私から全くレイシズムがなくなることも、レイシズムの学習が終わることも決してないだろう。では、白人の心の脆さが表面化したとき、私はどうすればいいのだろうか？　いくつか、その瞬間にできる建設的な反応について紹介しよう。

- 深呼吸をする
- 相手の話を聞く
- 内省する
- この章の、行動のもととなる思い込みのリストを読み直す
- もし混乱したら、自分より分析力のある人の助言を求める
- 必要なだけ時間をかけて気持ちを整理する。でもそのときの状況と相手に立ち返ることを忘れない

私たちは白人の心の脆さを阻み、人種を超えた正直さを保ち続ける力をつけることができる。そのためには、内なる優越感や人種上の特権に関する正直な評価や話し合いに伴う気まずさに、前向きに耐えなくてはならない。白人とは限られた人種観しか持たない特定の人種であると認めることによって、初めて自分の人種の現実に挑むことができるのだ。メディアや不平等な人間関係を通してではなく真の交流を通じてこそ、人種をめぐる非白人の現実というものの理解へ向けて努力することができる。そうすることで、自分自身の中のレイシズム、他の白人の持つレイシズム、そして制度に組み込まれたレイシズムに対して、問題提起の行動を起こすことができる。そうした努力において必要なのは、私たち自身の社会化や、レイシズムへの関与や、非白人に関する誤った情報に、常に挑み続けていくことだ。この国における人種の関係性の歴史を自分で学ぶこともできるのだ。反レイシズム運動の非白人指導者に関心を寄せたり、人種を超えた真の関係を築くために働くこともできるだろう。人種をめぐる社会正義のための運動をしている団体に参加してもいいだろう。そして最も大切なことは、人種やレイシズムをめぐる白人同士の沈黙を破ることである。

罪悪感について

一九八一年の全米女性学会の会議で、オードリ・ロード［アフリカ系アメリカ人の詩人で公民権運動家］が白人の罪悪感について次のように雄弁に語っている。

私はあなた方を罪悪感から解放するために怒りを隠したり、あなた方の気持ちを傷つけないようにしたり、あなたの怒りに応じたりすることはできません。なぜなら、そうすることで我々のあらゆる努力が侮辱され矮小化されるからです。罪悪感は怒りへの答えではありません。罪悪感は自分自身の行いや、行わなかったことに対する反応なのです。それが変革へと変わるのなら有意義なものとなりましょう。そのとき、もうそれは罪悪感ではなく、知識への入り口となるからです。しかし罪の意識が、単に無気力や、コミュニケーションを破壊する自己防衛を意味する場合が多すぎます。無知を守り現状を維持する道具となり、無変化を永久に保証することになるのです。[1]

私の仕事が白人の罪の意識を強めたり、それを利用したりしているのではないかと問われることが時々ある。しかし私は、人種によって自分の人生が有罪な存在として形作られたことを暴露するために仕事をしているわけではない。私は自分がレイシズムを基盤とした社会で白人として社会化されたこと、人種差別的な世界観や深い人種偏見や人種差別的な行動パターンを持つこと、そして私を押し上げたレイシズムの制度に自分も関与していることを知っている。それでも、私はレイシズムについて罪悪感を持っていない。私はこの社会化を選んだわけではないし、回避することもできなかった。ただし、私にはその中で果たす自分の役割に対する責任がある。レイシズムへの関与をその時々にどの程度阻止できたかによって、すがすがしい気持ちになれるのだ。しかし呵責《かしゃく》なき良心とは、ひとりよがりや満足感によって得られるものではない。

罪悪感は重苦しい感情だが、内なる優越感やそれがどう表れるかを認識する努力を続けることは、大きな解放感を伴う。生まれながらにあったレイシズムの文化の中で、自分は当然にもすっかり社会化されていたという前提で始めれば、その事実を否定するためにエネルギーを費やす必要はない。レイシズムへの加担をやめる方法を理解するためには、まず、レイシズムへの加担が避けがたいことを認識するべきだ。それを認識することを私は熱望し、胸の高鳴りさえ覚えるのだ！　否定したり、否定し続けるために自己防衛をしたりするのは、なんと疲れることだろう。

白人の肯定的なアイデンティティとは

反レイシズムに至るための数多くあるアプローチの一つは、白人の肯定的なアイデンティティを築くことだ。このアプローチを推進する人たちがよく提案するのは、ヨーロッパ民族の白人性への同化を通じて失われた文化遺産を取り戻すことで、前向きなアイデンティティを構築しようというものだ。しかし、白人の肯定的なアイデンティティとは、まずもって不可能な目標だ。白人のアイデンティティは本質的に人種差別的であり、白人の存在は白人至上主義の制度の外にはない。だからと言って、白人としてのアイデンティティを持つのをやめて、イタリア人だとかアイルランド人だとかと主張すべきだというわけではない。そうすることは、今ここで起きているレイシズムの現実を否認することになり、単にカラーブラインド・レイシズムとなるだけだ。それよりも私は「白人未満《レスホワイト》」になろうと努力する。それは、人種による抑圧を減少させるということだ。そのために私は人種をめぐる認識をより深め、レイシズムに関する知識をつけ、人種に対する自信と傲慢さとに常に対峙していかなくてはならない。白人未満になるということは、人種をめぐる非白人の現実に目を開き、興味を抱き、共感を持つことである。私には人種を超えた真の持続的な人間関係をつくることができると同時に、自分の人種差別的な行動パターンを受け止めることもできる。むしろ、そうしたパターンについて自己防衛的になるより、それを改善できるように、より明確にパターンを見つめることに興味をかきたてられるのだ。白人未満になるということは、白人の沈黙と結束を破り、非白人の苦悩を踏み台にした白人の快適さを特権とせず、罪悪感を超えて行動を起こすということだ。このような抑圧的でない行動パターンは能動的であり、受動的なものではない。最終的に、私は自分自身の解放と正義感のために白人未満になろうとしているのであって、それは非白人を救済するためではない。

共に努力するための方法

講演やワークショップを行っていて白人の参加者から一番よく聞かれるのは、「だれかに人種差別的だと伝えたいとき、どうすれば白人の心の脆さを引き出さずに話ができるでしょうか？」というものだ。こんなとき私はまず、「私はどうすれば、あなたの白人の心の脆さを引き出さずに、あなたの人種差別的行為を指摘できると思いますか？」と問いかける。自分は蚊帳の外だという思い込みを私は指摘したいのだ。言い換えれば、この質問者は、自分とレイシズムの間に距離を置いて、自分には意見は不要だし、白人の心の脆さで悩むこともないと、思っているのだ。こうした質問は、謙遜にも自己洞察にもならない。

そうは言うものの、私たち白人が互いに白人の心の脆さに対峙できるような方法をいくつか提案しよう。まず、私は自分の考えを言う前に相手の考えを認める努力をする。そして自分の考えを伝えるときは相手ではなく、自分について指摘する言い方をする。たとえば、「あなたがそう思うのも理解できます。私も同様に感じたことがありますから。でも、非白人の人たちと仕事をする機会があって、彼らの考えを聞くことがあったので、○○が理解できるようになりました」という具合に。それから自分が理解できるようになったことについて、それが自分にどう関係しているかを強調しながら伝えるようにしている。この方法によって自己防衛的な反応が減るという保証はないが、自分自身の洞察として答えれば、相手は反論しにくいものである。

また、その場で質問にどう答えてよいか迷ったら、少し時間を置くようにする。相手との関係性ができているのなら、あとから問題に立ち返ればいいだろう。この方法を用いる場合、より準備ができて、相手が心を開いてくれそうな時間を決めるとよい。たとえば、「少し話せる？ この前のやり取りで気になったことがあるのだけど、なぜなのか理解するのに少し時間がかかったの。今はもうよくわかったわ。話を戻してもいい？」と述べて、できるだけ冷静に簡潔に自分の考えや気持ちを伝えるようにする。最終的には、相手を変えるのは諦める。私の言ったことから洞察を得てくれれば素晴らしいが、私を支えている目標は白人の結束を破りたいという、自分自身にとっての必要性なのだ。それがたとえ、そしてほとんどの場合、いかに気詰まりであったとしても。とどのつまり私を突き動かしているのは、他人を訂正したり変えたりすることではない。自分自身に対する誠実さを追求することなのだ。

非白人は白人の心の脆さをどのように切り抜けるべきか

白人の心の脆さを上手に切り抜けるにはどうすればいいかと、非白人に聞かれることが時々ある。シンプルな方策があればどんなにいいだろうか！ こんな質問を非白人からされないで済むよう、白人の心の脆さが露呈されなくなることを私は願っている。ここまで述べてきた方法以外に、非白人の人たちに役立つかもしれない方法がある。非白人のあなたが、白人による人種差別的な言動を指摘する責は負いたくないけれど、かといってそのままにしておくのも嫌だという場合、信頼できる白人に相談するといいだろう。白人のレイシズムを指摘するのは容易なことではない。しかし白人が指摘する方が、相手から不愉快な反応の矛先を向けられても、さほど苦しまずに耐えられるはずだ。それに他の白人から告げられれば、白人の心の脆さがさほど表れないかもしれない。この方法は、協力的な白人にとってもサポートを表明することになり、白人の結束を破る練習にもなるので効果的だと言える。

私が持つ白人の心の脆さには非白人も加担しているし、それを知っておくと役に立つと、非白人の人たちに言われたことがある。どう加担しているかという問いに答える前にはっきりさせるべきなのは、白人の心の脆さを上手に切り抜けることは非白人にとって根本的に死活問題だということだ。白人の心の脆さが彼らにもたらす結果は、長時間にわたる苦痛だけではない。こうした偏見を持たれると、仕事を失ったり、ストレスから病気になったり、訴追されたり、施設に収容されたりという脅威やトラブルメーカーだと思われる極端な結果も招きかねないのだ。こうした偏見を持たれるということがしばしば起きる。したがって、何らかの必要な方法で生き残るためには、強い意志による選択が必要なのだ。白人の心の脆さを改善するのは白人自身の責任であって、非白人ができるだけ苦労せずに白人の心の脆さを切り抜けようと苦心する必要はない。しかし、非白人が白人の心の脆さを阻止すべきかどうか、あるいはどのように阻止するかを決める際の参考になればと思い、非白人が阻止する方法をいくつか紹介しよう。

私はある意味、白人の中では人種に関する理解がより深いと思われているので、非白人から大目に見てもらえることが多い。すると確かに快適だが、それによって私の責任が軽くなったり、人種上の成長が支えられることにはならない。私は意見をうまく処理できると信じてほしいと非白人の友人たちに頼んでいるが、信頼されるに相応しい人間だと証明できるかどうかは私にかかっている。そこにはリスクもあるが、もし非白人の友人たちが私を傷つけないことを選んでいたなら、今の認識は得られていないだろう。私の学びは決して終わることがないので、白人である私に課せられる責任にも終わりはない。

もし私が非白人から意見を受け、それを不当だと思ったら、別の非白人のところへ行って、私はいい人間だと保証してもらいたくなるだろう。しかし、このように非白人に安心を求めることは、私が受けた攻撃は不当なものだったと同意するよう相手にプレッシャーをかけることに他ならない。悲しむ人に共感すると、慰めたいという切迫した感情が湧くだろう。私がその慰めを求めることは、意識的かどうかにかかわらず、その気持ちを利用することになるのだ。しかし、非白人から保証を得ようとするのは不適切なことだ。私がそれを求めることは、いわば分割統治によって矛先がこちらに向くのを避ける［被支配者同士を争わせることによって統治者に矛先が向かうのを避ける手法］ことでもある。さらに、私が意見を受けたのは不当な攻撃であり、正しい意見の方法のルールをその非白人が破ったのだという考え自体が、私が安心を求めることによって強化され、結果としてレイシズムが維持されることとなる。一人の非白人による意見の不当さを別の非白人に愚痴るのは、（苦言をどれほど如才なく間接的な表現に和らげたとしても）愚痴を聞いてくれる非白人を私のレイシズムに加担させることになるのだ。

人種間の公正さのコンサルタントをしているデヴォン・アレクサンダーは、非白人に対する最も悪質な抑圧は、白人の心の脆さに加担させようとすることだと言う。それは白人の否認と彼らの自己防衛を受け入れるために、非白人が自らの人種に関する体験を矮小化させられる抑圧だ。しかし逆に言えば、非白人は彼らの痛みを我々白人と共有することはしない。なぜなら白人には、それが受け止められないからだ。白人の心の脆さに彼らを適応させることは、ひどく不公平なごまかしと無言の忍耐を強要することである。人種をめぐる悪循環の中で、白人の心の脆さが果たしてきた機能とは、白人の憤りを避けようとして非白人がレイシズムに立ち向かわないようにさせることなのだ。そして、白人のレイシズムに挑ませないことが、人種の体制とその中における白人の位置を持続させているのだ。

最後に

現在の制度は、人種不平等が再生産される仕組みをデフォルトとしている。我々の制度は人種不平等が絶えず繰り返されるように設計され、それが実に有効に行われている。特にその作業を効果的に行っているのが学校だ。人種不平等を再生し続けるために制度が必要とするのは、とても親切な白人が非白人に笑いかけ、人種を超えて親切にし、時には一緒にランチに行くということだけなのだ。親切にするなと言っているのではない。悪意よりはいいだろう。だが、親切は勇気ではない。親切によってレイシズムを真剣に論議したり、周りの反対を押し切って話し合いを続けることはできない。実際、白人の注意をレイシズムに向けさせようとすると、親切ではないと思われることが多いのだ。そして親切でないと思われることが、白人の心の脆さの引き金となる。

レイシズムを阻止するには、勇気と意志が必要だ。阻止とは、受け身の行動でも自己満足でもない。「これからどうすればいいのか？」という質問への私の答えは、もう学ぶことは何もないと決して思ってはいけない、ということだ。たとえ内面化したレイシズムや優越感にすばやく、たやすく挑むことができたとしても、この文化の中に生きているだけで、私たちのレイシズムはまた再び強化されてしまう。私は長年にわたって、様々な形でこの仕事を続けてきた。そして私の中の執拗なパターンと、吟味されていない思い込みについて、常に意見をもらい続けている。これは生涯続くやっかいなプロセスだが、私が公言している価値観と実際の行動とを一致させるためには必要な作業なのだ。そして、これは極めて切実で変化を起こす力をもたらしてくれる作業でもある。

謝辞

下記の方々は、様々な面で本書に貴重な貢献をしてくださいました。アイダベル・フォッセ、リーガン・プライス、マークサ・マーニア、クリスティン・サックスマン、シェリー・トクラク、エイシャ・ハウザー、ティー・ウィリアムズ、ダナ・ブール、レケント・アレクサンダー、シンシア・キラボ、マレナ・ピンカム、ミョシャ・マカフィー、レスマ・メナケム、デヴォン・アレクサンダー、ダーリーン・フリン、エリン・トレントジョンソン、グレン・シングルトン、ジョン・クレストウェル牧師、オズラム・センソイ、デボラ・テリー、ジェイソン・ティアス。

聡明さと忍耐力で、二五年以上にわたって私を導いてくれた数多くの非白人の皆さん、ありがとうございます。あなた方の、白人の心の脆さとその根底にある白人のアイデンティティに対する理解は、到底私には超えられるものではありません。ビーコン・プレス社の編集者レイチェル・マークスとの作業は夢のように素晴らしい経験でした！　あなたの明敏な意見と励ましに心からお礼を申し上げます。

寄稿　カイザー・ソゼ*、ビヨンセ、証人保護プログラム

*一九九五年アメリカのサスペンス映画「ユージュアル・サスペクツ」に登場する凶悪犯

マイケル・E・ダイソン［学者、作家、説教師、ラジオ番組のホスト。ジョージタウン大学社会学部教授］

人種やレイシズムをただ一つのメタファーで語ることはできない。なぜなら、それは非常に複雑な力であるから。我々には多くのメタファーが必要だ。ある区域内の文化が様々であったとしても、言語を司る部位を賢明に用いて協力し合うための複数のメタファーが必要なのだ。人種とは状態であり、病であり、身分証明であり、厄であり、原罪である。アメリカ合衆国史の大部分において、人種は黒人文化の問題であった。レイシズムは黒人に課せられた重荷なのだ。他の非白人に置き換えても、問題は同じだ。しかし、白人性《ホワイトネス》は不変であり続ける。人種の方程式に、もう一つの人種のメタファーが招き寄せられる。それは白人性という不変の変数だ。あるいは、別のメタファーを用いるなら、白人性とは、アミリ・バラカ［詩人、作家、音楽評論家、社会活動家］の心に響くフレーズを借りれば、「変わりゆく同じもの《チェンジング・セイム》」なのだ。どこに着地しようとも常に頂点に居続ける、非常に順応性の高い流動的な力なのだ。ある意味で、それは支配の手段であり、支配の目指すところでもある。白人性の核心は、最も純粋な形の、最も優れた幻想として永遠に持続する。

もちろん、あらゆる人種がそうであるように、白人性もフィクションであり、学術用語でいうところの社会的に構築された概念である。それは実体はないが合意によってつくられた神話であり、それのもたらした効果によって、したたかさが実証されてきたのだ。白人性にはさらによいことがある。それは、白人性というアイデンティティは、その存在自体が否定されたときに最も役立つということだ。それはゆがんだ特殊な才能だ。まさに、シャルル・ボードレールの「悪魔の最も素敵な策略は、自分が存在しないと信じ込ませることだ」という警告を体現していると言える。あるいは、映画「ユージュアル・サスペクツ」でカイザー・ソゼというキャラクターの分身が語る「悪魔が演じた最大のトリックは、悪魔が存在しないことを世界に確信させたこと」なのだ。悪魔はレイシズムのメタファーでもあり、そこに違いはないのだ。

ロビン・ディアンジェロは本文中で、ラッパーのリック・ロスやジェイZのように、熱のこもった言葉でこう宣言する――「悪魔は偽りだ」と。白人性は人種と同じように、現実のものではないかもしれないのだ。白人性は生理学的構造や遺伝子や染色体に基づく生物学的な遺伝性の特質ではない。しかし、それを基盤にして社会や権利や物質や資本や特権が構築されてきた意味において、白人性は現実である。ディアンジェロは、名を明かされるのを嫌う白人性を実にあざやかに明示してみせる。白人性がまとう慈愛というカモフラージュを脱がせ、アメリカ人として着飾る白人性の仮面を剝ぎ、見えないように隠れようとする白人性を、舞台の中央に引きずり出すのだ。

白人性を解体して神話的要素を取り除くためには、修辞学や言語の意味の研究だけでは十分でない。それができるのは、精神学と心理学の錬金術師でもある、政治的、社会的な魔術師だけだ。魔術師は人種差別的なステレオタイプを追い払い、白人至上主義と、白人の特権と白人の嘘との闘いの深い歴史を呼び出さなくてはならない。それは光の届かない豊かで黒いアメリカの土壌の奥深くに埋め込まれてきた歴史だ。ディアンジェロにはよくわかっているのだ。本書で彼女が白人仲間に向かって語っていることは、あまりにも多くの黒人たちが長年にわたって考え信じ述べ続けてきたことであるのに、敏感すぎる白人の耳と脆すぎる白人の魂には届くことがなかったということが。

白人の兄弟姉妹たちの良心を激しく揺さぶり、最も重要な自覚を促すことによって、ディアンジェロは白人の反レイシズム思想家の最前列に加わったと言えるだろう。白人の心の脆さ《ホワイト・フラジリティ》は確かに、新しいものを生み出す着想である。私たちを発奮させる、極めて重要な概念なのだ。白人が自らの白人性についてどう理解しているのか、そしてその白人性があまりにも長い間、人種のレーダーの下を潜り抜けてきたことに対する責任を問われるとどのような自己防衛反応を起こすのかについて、より深く考えるよう奮い立たせてくれるだろう。彼女は、ラングストン・ヒューズ〔アフリカ系アメリカ人の作家、社会活動家〕が言うところの「白人たちのやり方」を、賢く、そしてひるむことなく冷酷に攻撃している。しかし彼女は同時に、白人のアイデンティティを道義的な中立と文化的な普遍性とに結びつけている社会的宿命と政治規定の絡み合った糸を、明敏に、そして感傷的になることなく解いていくのだ。

ディアンジェロは、白人性が国のアイデンティティにまでなってしまったことに対して、勇敢に異議を唱える。歌手のビヨンセほど権威のある人はいないだろうが、彼女は最近こんなことを言っている。「レイシズムがあまりにもアメリカ的なせいで、レイシズムへの抗議はアメリカそのものへの抗議だと思い込んでる人がいるのだ」と。ディアンジェロはビヨンセの発言が真実であると示している。白人のアイデンティティがアメリカのアイデンティティそのものになっていったこと――人種差別的な考えが国家の信念にまでなってしまったこと――に対して我々は声を上げて主張し、正面から闘っていかなくてはならない。アメリカ人であることイコール白人であることではない、少なくともそれは独占的でも本来的でもないのだ。集団的な自己理解においてこの国ははるかに複雑である。ディアンジェロは、アイデンティティ政治が社会悪であるという観念を――少なくともそこに非白人や女性がかかわる場合には――見事に打ち破っている。アイデンティティ政治を超えた何かを基盤に建てることができる、あるいは建てるべきとされる白い人種によるトランプカードの家を彼女は吹き飛ばしてみせるのである。

ディアンジェロは、あらゆる政治はアイデンティティに基づいており、こうしたアイデンティティが、物事をうまく調整しようとしながらも失敗してきたこと――あまりにも多くの場合、それは白人であろうとすることだが――に取り組むための重要点であることを、私たちにわからせようとしている。デモクラシーや真実や正義や公正さに付随するアイデンティティを名指すことができなければ、それらがもたらす天罰《ネメシス》を名指すことはできない。この国の歴史の大部分において、白人の異性愛者には証人保護プログラムが適用されてきた。彼らのアイデンティティは守られ、罪から放免され、過去の責務や罪から自由の身になれる将来を与えられてきたのだ。

ロビン・ディアンジェロという新しい人種保安官が町にやって来たのだ。彼女は、人種の訴訟にこれまでとは異なる法と秩序をもたらしてくれる。彼女は、特権と有利を直視することを拒む白人性と、彼らの過ちと欠陥を包み隠すことはしない。その代わり、不相応に褒め称えられてきた白人の罪を暴露し、不当な中傷を受ける人々の人間性を支持する模索をしている。

白人の心の脆さは、今こそ必要な概念だ。それは白人たちの傷ついた感情、粉々になった自尊心、悩める精神、腹立ち、重い感情的負担などを示す概念なのだ。実際に、彼らの苦しみは自分が白人であると認識することによって起きる。それはすなわち、白人性によって他者の夢を潰しながら特権を得てきたこと、国にとって有害だと主張するアイデンティティ政治のもたらした明白な例が白人性であること、もし白人性が人生を生き抜くために手助けしてくれていなかったら非白人のように慌てて大人になるよう迫られたかもしれないこと、などを認識することなのだ。本書『ホワイト・フラジリティ　私たちはなぜレイシズムに向き合えないのか』は極めて重要で、いま必要とされている素晴らしい本だ。白人が自分の白人性の意味を理解して、事態を改善していく機会としていくために、ディアンジェロはすべての白人に爽快に呼びかけている。彼女は勇敢にも、白人たちにそろそろ成長すべきだと要求する。そして自分たちのつくった世界と向き合い、白人のような特権も保護も受けられなかった人々のために世界をつくり直す方法を探るべきだと主張しているのである。

監訳者解説

貴堂嘉之

本書は、米国の社会学者ロビン・ディアンジェロが二〇一八年六月に刊行した著作 *White Fragility: Why It's So Hard for White People to Talk About Racism* の全訳である。本書で、著者は白人の読者を主たる対象に、白人はなぜ人種問題に向き合えないのかと問い、白人による黒人差別の構造を解明している。

著者のディアンジェロは現在六四歳の白人の女性研究者。白人性研究の専門家としてウェストフィールド州立大学やワシントン大学で多文化教育に尽力し、現在は企業や地域コミュニティ、政治家向けの反レイシズムや多様性《ダイバーシティ》をテーマとしたトレーニング講師として活躍している。

二〇二〇年五月、ミネソタ州ミネアポリスでジョージ・フロイドさんが白人警官により殺害された事件が引き金となって、米国ではブラック・ライブズ・マター（BLM、黒人の命は大切）運動に再び火がついた。黒人だけでなくアジア系、ヒスパニック、そして白人の若者らが加わり、BLM運動は、地域や人種、世代を超えた大規模な反人種差別運動へと発展した。この運動の興隆と同時期に、レイシズムへの処方箋を示す指南役として一躍、時の人となったのが著者のディアンジェロであった。全米で怒りの抗議活動が展開される中、本書は大ベストセラーとなり、著者はメディアで引っ張りだこになった。また、彼女のもとには、多くの企業から講演の依頼が殺到した。マイクロソフトやグーグル、アマゾン、ナイキ、アンダーアーマー、ゴールドマン・サックス、フェイスブック、CVS、アメリカン・エキスプレス、ネットフリックスなど名だたる大企業が、BLM運動への連帯を表明し、人種差別を糾弾する声明を発表した。

ニューヨーク・タイムズの記事（二〇二〇年七月一五日）からは、ディアンジェロの講演会の様子をうかがい知ることができる。ジョージ・フロイド事件の一〇日後、民主党指導部の呼びかけで一八四名の連邦議員を集め、講演会が開かれた。ナンシー・ペロシ下院議長の挨拶のあと、ディアンジェロは次のように聴衆に語りかける。「今、この講演を聴いている白人の（議員の）皆さんは、私があなたがたのことについて話しているのではないと思っていることでしょう。一九六〇年代に（公民権運動の）デモ行進に参加していたから、多様性のある選挙区を地盤としているから、大学時代に黒人のルームメートがいたから、と。様々な理由をつけて自分を見つめ直すことから逃げているのではないですか？」。白人であることが米国社会においてどのような意味を持つのか、「白人の特権」について根本から考え直さない限り、レイシズムの問題は一向に解決しないと直言する。白人の議員にとっては、なかなかに居心地の悪い講演である。

タイトルにある White Fragility（白人の心の脆さ）とは、白人たちが人種問題に向き合えないその脆さを表現する言葉として、二〇一一年に著者が作り出した造語である。日頃、自らの人種（白人性）について考えることが苦手な白人は、人種をめぐる小さなストレスを受けただけで耐えられなくなる。例えば、ベージュのクレヨンを「肌色」と呼ぶのは不適切ではないか、といった些細な指摘にも、白人は動揺する。そして、白人は様々な自己防衛的な行動――早口で抗弁する、沈黙する、話題から逃げる、泣くなど――をとり、人種ヒエラルキーの優位にたつ白人として心の平穏さを取り戻そうとする。その人種問題への向き合い難さを、この言葉は表している（第Ⅺ章「白人女性の涙」は典型）。反レイシズム・トレーニングの会場で、白人の女性が警察暴力によって殺害された黒人男性の事件に涙を流し、「あなたの痛みがよくわかります」と語る。これは、一見すると被害にあった黒人に寄り添った心優しい行為に見える。しかし、異なる人種が居合わせる場において、白人女性が自分こそが黒人男性の死を最もうまく代弁できると考えたそのこと自体が、実はレイシズムをさらに強化するのだ。講師たちは、白人女性の涙が黒人にとってなぜ不愉快なのかを解き明かしていく。一九五五年にミシシッピ州で起きたエメット・ティル事件（北部から南部にやって来た少年が白人女性に声をかけたとの疑いから嬲《なぶ》り殺しにされてしまった凄惨な事件）しかり、黒人たちが鮮明に記憶する歴史に白人が無知であることも問題視するのだ。つまり、ここで言う「脆さ」は弱さとは全く違う。むしろ反レイシズム規範の形成を阻害する「リベラルな白人の武器」であり、脆い道徳的自我、まっとうで普遍的で中立的な自己像を保持し、最終的には現在の人種秩序を永続させる手段なのだ、と著者は言う。

歴史的にみれば、米国において白人は、政治や司法、教育など、あらゆる分野で、組織的に白人の特権を守る社会構造を築き、維持してきた。米国といえば、教科書的な記述に倣《なら》えば、独立宣言に「すべての人間は平等に造られている」とあるように、万人平等や自由・平等の啓蒙主義的な理念が掲げられた理念国家である。一九世紀初頭にはすべての男性市民に選挙権が付与され、政治的公共を市民が担ったデモクラシーの国である。

しかし、建国後まもない一七九〇年に、米連邦議会は市民権取得を申請できる条件を「自由な白人」のみとする帰化法を成立させていた。外国人である移民が市民権を取得する法手続が「帰化」であり、移民国家アメリカにおいては最重要の法制度である。この法制度にレイシズムを組み込むことで、長らく「アメリカ人であること／アメリカ市民であること＝白人であること」の等式が維持されてきたのである。このことは、日本の高校世界史レベルではほとんど学ぶことのない史実である。

すなわち、「すべての人間」「すべての男性市民」と「普遍」を装いながら、実際には「白人」「男性」限定の制度であったのだ。黒人奴隷や先住民、それに白人とはみなされなかった日本人移民を含むアジア系の移民集団などは、これらの制度の埒外に置かれた。黒人奴隷は南北戦争による奴隷解放後に上記の等式とは別枠で市民権が付与されたが、アジア系はこの「自由な白人」の枠外で長らく市民権を与えられずに二級市民の扱いを受け続けた。その間、アジア系は移民排斥のターゲットとなり、第二次世界大戦中に日系人は市民権のない一世ばかりか市民権のある二世までもが強制収容所に入れられる差別を受けた。この「自由な白人」だけが帰化申請できるという人種差別的ルールは、戦後の一九五二年まで続いた。

黒人もまた、奴隷解放後の再建期には市民権を得て、いったんは選挙権まで得たものの、再建政治の終了とともに選挙権の剝奪が進み、一八九〇年代以降には南部社会において徹底した白人と黒人の生活空間を分ける人種隔離社会の形成が進んだ。「分離すれども平等」（プレッシー対ファーガソン判決、一八九六年）の法原理のもと、人種隔離は合法化され隔離教育などが実施された。全米各州では白人と黒人／有色人種との恋愛や結婚を禁止する異人種間結婚禁止法の法体系も作られた。白人優越主義的な社会を維持し、白人の「純血性」を守ろうと、二〇世紀後半までこうした制度が温存されたのが米国社会なのだ。

要するに、歴史的にみれば、白人に快適なこの社会は、有色人種の犠牲の上に成り立ってきた。一九世紀中葉までの米国の経済は奴隷制に依存していたし、その後も差別のターゲットである黒人や移民の安価な労働力の上にこの国の繁栄は約束されてきた。しかし、多くの白人は、長い歴史的過程において自分たちが特権を付与されてきたという自覚がないのだと著者は告発する。

本書で主に扱われるのは、一九六〇年代の公民権運動後のレイシズムである。奴隷制は約百年前に終焉を迎え、黒人たちの草の根の社会運動は六〇年代に結実していった。一九六四年には公民権法により公共施設の利用や投票、公教育において「人種、肌の色、宗教そして出身国を理由とする」差別あるいは分離が違法とされた。翌六五年の投票権法によって、州の投票登録の実務において差別があったときには、司法長官が是正のため介入することとなった。これによって州権、地方自治の名の下に長年放置されてきた人種隔離と黒人投票権剝奪が連邦政府の直接的な規制により廃絶される見込みとなった。

だが、公民権諸法が制定されたからといって、レイシズムがなくなったわけではない。公民権運動の後にも、黒人初の大統領バラク・オバマが就任した際にも、「レイシズムの時代は終わった」と主張する識者がいたが、事態はそれほど単純ではないのだ。本書の真骨頂は、公民権運動後の「新しいレイシズム」「カラーブラインド・レイシズム」の出現・浸透を丁寧に描き、白人至上主義が人種差別的に見えない方法で、巧妙に現代の規範や常識、政策、文化の中に落とし込まれていった様をこれでもかと解き明かしている点にある。

白人が、自分たちが特権を有していると自覚せず、レイシストではないと思い込む理由は、第Ⅱ章と第Ⅲ章に詳述されている。簡単に言うと、白人は自分たちを人種とみなさず、客観的で特別な存在だと思い込んでいるのだ。近年のレイシズム研究では、レイシズムとは個人による個別の行為や心の問題として捉えられるものではなく、長い年月をかけて様々な差別が交差しつつ練り上げられた制度的・体系的なもの（institutional racism/systemic racism）として理解するのが一般的である。しかし、白人はこうした制度的レイシズムとしてではなく、個人による個別の行為としてレイシズムを捉える傾向にあるという。

白人がそのように考える背景には、個人主義の理念があるとされる。彼らは、個人の成功は個々の能力によるもので、人種は問題ではないと考える。実際の社会では、人種やジェンダー、セクシュアリティなどによって各人に与えられる機会が決して平等でないことは一目瞭然なのに、白人は自らに有利な社会構造に守られていることを理解せず、成功／失敗をひたすら個人化して理解しようとする。

さらに興味深いのは、白人による「レイシスト」の単純すぎる定義である。ディアンジェロによれば、白人の多くは、レイシズムを自称白人至上主義者やネオナチのようなヘイト団体の過激派と結びつけ、「不道徳な悪人による意識的な行為」と捉え、「リベラルな白人」はレイシズムを自分たちの問題としては考えない。こうした思考を著者は「回避的レイシズム」と呼び、誰もが持っているはずの無意識の人種バイアスに向き合うことを阻害していると指摘する。こうしてレイシズムに向き合えない白人に対して、ディアンジェロは、州知事に占める白人の割合、全米で最も裕福な一〇人に占める白人の割合、興行収入の多い映画一〇〇本の監督の白人の割合など、様々なデータを示し、彼らがリベラルであってもその生活空間がいかに白く染まっているのか、二四時間三六五日、「白人の優越性」と「黒人の劣等性」という情報やメッセージが降り注いでいることを示し、そこに深く反黒人的なものが刻印されていることを示していく。

要するに、ディアンジェロは、白人には見えないレイシズムを可視化し、気づきを与える手法をとる。それは長年にわたって黒人の講師とともに取り組んだ企業向けの反レイシズムのトレーニング実践の経験に基づくもので、実効的で説得力がある。もちろん、自分の中のレイシズムに向き合えず反発する白人もいるので、本書は反響が大きかった反面、米国でも賛否両論があった。日本の読者には、本書を最後まで読み、あらためてレイシズムとは何か、白人とは何か、マジョリティ／マイノリティ関係に生じる権力関係を考えてもらいたい。

白人とは何かに関心を持った読者は、本論で紹介されている九〇年代から盛んになった白人性研究の書物を手にするのもよいだろう。白人性研究とは、「白人」の人種的境界やアイデンティティ、白人の権力の淵源を問い直す学問で、批判的人種理論やアメリカ労働史の影響を強く受けている。一九世紀の米国移民社会における白人性についてはデイヴィッド・ローディガー『アメリカにおける白人意識の構築』(明石書店、二〇〇六)、近年の「忘れられた人びと」としての白人に関心のある読者には、ナンシー・アイゼンバーグ『ホワイト・トラッシュ――アメリカ低層白人の四百年史』(東洋書林、二〇一八)、J・D・ヴァンス『ヒルビリー・エレジー――アメリカの繁栄から取り残された白人たち』(光文社、二〇一七)がおすすめである。

最後に、なぜいま日本で本書を翻訳し刊行するのか、監訳者として日本の読者に向けてメッセージを記したい。

理由は大きく二つある。一つ目は、米国におけるレイシズムの行方が日本社会にも決して無縁なものではないということだ。米国におけるBLM運動は昨年、瞬く間に国境を越え、世界中で奴隷制・奴隷貿易など過去のレイシズムの問い直しが始まり、各国で人種マイノリティが声をあげる契機にもなった。日本でもアフリカン・ルーツ、ブラック・ミックスの若者のデモ行進が行われたのは記憶に新しい。二〇世紀初頭に、白人性研究の祖ともいえる歴史家W・E・B・デュボイスは「二〇世紀の問題は、カラーラインの問題である」と予言めいた言葉を残した。だが、この予言は二一世紀のグローバルな「人種」状況をも的確に捉えているように思われる。BLM運動が明らかにしたことは、レイシズムは今も決して解決済みの社会問題ではなく、「二一世紀の問題もまた、カラーラインの問題である」ということであり、この解決を抜きに私たちは未来を展望できないということだ。

二〇二〇年の大統領選では、国民の分断を煽り続けたトランプが敗北し、今年一月にジョー・バイデンが新大統領に就任した。この大統領選の勝敗に、全米を席捲したBLM運動が影響を与えたことは間違いないだろう。しかし、トランプ政権が終わっても、次はトランプなきトランプ主義との対峙が待っている。ヘイトの時代を生きる処方箋を私たちは必要としているのだ。また、今日のレイシズムはアジア系住民にもその矛先が向けられていることに注意を払わなければならない。二〇二〇年三月から二〇二一年二月までの間に米国で起きたアジア系へのヘイトクライム関連の事案は三七九五件（STOP AAPI Hate 調査）にのぼり、レイシズムは政権交代後も継続している。日本人が米国を旅行する際、レイシズムの被害者となる可能性は確実に高まっている。レイシズムのターゲットとなる差別される側の人種として、アジア系の苦難の歴史を理解することは大切であるし、アジア系を含めたマイノリティが主導する反人種差別運動から学ぶことは多いはずだ。手始めに、BLM運動の創始者の一人、アリシア・ガーザ『世界を動かす変革の力——ブラック・ライブズ・マター共同代表からのメッセージ』（明石書店、二〇二一）を読み、彼らが社会変革のための戦略を練り、組織化を図ってきた歩みを知るのがよいだろう。

日本語版刊行の二つ目の理由は、本書が問いとして投げかけた白人のレイシズムへの向き合い難さと関係している。監訳者は日本人もまた、レイシズムに向き合えない「心の脆さ」を抱えていると考えており、その克服の指南書としての役割を本書が果たすことを期待している。

邦題のサブタイトルを「私たちはなぜレイシズムと向き合えないのか」としたのは、日本の読者にも米国白人のケースに学び、自分の中のレイシズムに向き合ってもらいたかったからに他ならない。

二〇二〇年五月のフロイドさんの事件以来、アメリカ史の研究者仲間が日本の各種メディアで米国の人種問題を解説する役割を担うことが多くなった。日本のメディアが米国のレイシズムの報道の仕方に不慣れであったことは明らかだった。NHKの番組「これでわかった！ 世界のいま」の二〇二〇年六月七日放送「拡大する抗議デモ　アメリカでいま何が」では、黒人の置かれた厳しい状況を説明するCGアニメが、駐日米国臨時代理大使に「侮辱的で無神経」と批判されるなどして、NHKは「差別を助長するもの」として動画掲載を取りやめ、番組責任者が謝罪に追い込まれる事態となった。

私たち研究者が問題視したのは、黒人を「怖い存在」「脅威」「過度なセクシュアリティを体現する」男性という典型的なステレオタイプで描き、番組が警察暴力を容認しているような印象を与えたことであった。黒人の男性性を攻撃性や怒りがコントロールできない感情的な性格と結びつける背景説明をするのみで、制度的人種差別を語らないメディアの姿がそこにはあった。以来、アメリカ史研究者はメディア向けに、米国では刑事司法の場でいかに黒人が不公平に扱われてきたのか、BLM運動がなぜ制度的レイシズムの終結を求めているのか、機会があるごとに解説を加えるようにして今に至っている。

私はこの制度的レイシズムを解説する際に、米国の状況を対岸の火事とせず、日本社会にも存在する制度的レイシズムを見直す機会とすべきだと発言してきた。すると、SNS上ではきまって「日本には人種差別はない」とのコメントが多く寄せられた。これこそが、日本人の人種問題への向き合えなさ、心の脆さの典型的な反応ではなかろうか。ディアンジェロであれば、「回避的レイシズム」と呼ぶだろう。

近代日本は、西洋化を追求し日露戦争後に「一等国」の地位を獲得したものの、米国では同胞の移民たちが排斥運動のターゲットとなり有色人種としての人種経験を重ねた。戦後の日本はといえば、冷戦下で対米依存の度合いを強め、米国の大衆文化の影響を受けつつ、米国白人と同様、「白さ」を至高とする白人至上主義的な文化に馴化してしまったかのようだ。名誉白人的な人種意識を日本人が持っているからこそ、自分は人種問題とは無縁であり、差別的であることを指摘されると自己防衛的な行動をとるのではないだろうか。

白人の読者向けに書かれた本書は、それゆえに、日本人の読者に対しても見えないレイシズムを可視化する役割を期待できるのではないか。日本社会にある民族差別/人種差別をないものとして振る舞い続けるのか、沈黙を破るのか。BLM運動で掲げられた「沈黙は暴力 Silence is Violence」(黙っているだけでは暴力に加担しているのと同じ)の意味を、いまこそ日本社会が真剣に考えるべきではないか。日本の読者にとって、本書がレイシズムに向き合うための最初の一歩を踏み出す書となることを願っている。

Ⅶ

1. Michelle Fine, "Witnessing Whiteness," in *Off White: Readings on Race, Power, and Society*, ed. Michelle Fine, Lois Weis, Linda Powell Pruitt, and April Burns (New York: Routledge, 1997), 57.
2. Pierre Bourdieu, *The Field of Cultural Production: Essays on Art and Literature*, ed. Randal Johnson (New York: Columbia University Press,1993).
3. ブルデューはそれぞれの場のゲームのこれらのルールを「ドクサ」と称している。
4. 本文・出典の表記が原著と若干異なるのは著者の意向による。以下参照。Pierre Bourdieu, *Distinction: A Social Critique of the Judgement of Taste* (Cambridge, MA: Harvard University Press, 1984).［ピエール・ブルデュー『ディスタンクシオン――社会的判断力批判』（Ⅰ・Ⅱ）、普及版、藤原書店、2020］

Ⅷ

1. Don Gonyea, "Majority of White Americans Say They Believe Whites Face Discrimination," NPR, October 24, 2017, https://www.npr.org/2017/10/24/559604836/majority-of-white-americans-think-theyre-discriminated-against.
2. Kenneth B. Clark, *Prejudice and Your Child* (Boston: Beacon Press, 1963); Derman-Sparks, Ramsey, and Edwards, *What If All the Kids Are White?*
3. Debian Marty, "White Antiracist Rhetoric as Apologia: Wendell Berry's The Hidden Wound," in *Whiteness: The Communication of Social Identity*, ed. Thomas Nakayama and Judith Martin (Thousand Oaks, CA: Sage, 1999), 51.
4. 同上、T. A. Van Dijk, "Discourse and the Denial of Racism," *Discourse and Society* 3, no. 1 (1992): 87–118.
5. DiAngelo and Sensoy, "Getting Slammed."
6. Morrison, *Playing in the Dark*.
7. Bonilla-Silva, *Racism Without Racists*, 68.
8. Rich Vodde, "De-Centering Privilege in Social Work Education: Whose Job Is It Anyway?," *Journal of Race, Gender and Class* 7, no. 4 (2001): 139–60.

Ⅺ

1. 例として以下参照。Stacey Patton, "White Women, Please Don't Expect Me to Wipe Away Your Tears," *Dame*, December 15, 2014, http://www.damemagazine.com/2014/12/15/white-women-please-dont-expect-me-wipe-away-your-tears.
2. 同上。

Ⅻ

1. Lorde, "The Uses of Anger."

R. Feagin, *The First R: How Children Learn Race and Racism* (Lanham, MD: Rowman & Littlefield, 2001).
4. Maria Benedicta Monteiro, Dalila Xavier de França, and Ricardo Rodrigues, "The Development of Intergroup Bias in Childhood: How Social Norms Can Shape Children's Racial Behaviors," *International Journal of Psychology* 44, no. 1 (2009): 29–39.
5. Van Ausdale and Feagin, *The First R*.

Ⅵ

1. Frantz Fanon, *Black Skin, White Masks* (New York: Grove Press, 1952); Toni Morrison, *Playing in the Dark: Whiteness and the Literary Imagination* (New York: Random House, 1992).
2. Michelle Alexander, *The New Jim Crow: Mass Incarceration in the Age of Colorblindness* (New York: New Press, 2010); Bertrand and Mullainathan, "Are Emily and Greg More Employable than Lakisha and Jamal?";Philip Oreopoulos and Diane Dechief, "Why Do Some Employers Prefer to Interview Matthew, but Not Samir? New Evidence from Toronto, Montreal, and Vancouver," working paper no. 95, Canadian Labour Market and Skills Researcher Network, February 2012, https://papers.ssrn.com/sol3/papers.cfm?abstract_id=2018047.
3. Susan E. Reed, *The Diversity Index: The Alarming Truth About Diversity in Corporate America... and What Can Be Done About It* (New York: AMACOM, 2011).
4. Alexander, *The New Jim Crow*; Chauncee D. Smith, "Deconstructing the Pipeline: Evaluating School-to-Prison Pipeline Equal Protection Cases Through a Structural Racism Framework," *Fordham Urban Law Journal* 36 (2009): 1009; Pamela Fenning and Jennifer Rose, "Overrepresentation of African American Students in Exclusionary Discipline: The Role of School Policy," *Urban Education* 42, no. 6 (2007): 536–59; Sean Nicholson Crotty, Zachary Birchmeier, and David Valentine, "Exploring the Impact of School Discipline on Racial Disproportion in the Juvenile Justice System," *Social Science Quarterly* 90, no. 4 (2009): 1003–18; R. Patrick Solomon and Howard Palmer, "Black Boys Through the School-Prison Pipeline: When Racial Profiling and Zero Tolerance Collide," in *Inclusion in Urban Educational Environments: Addressing Issues of Diversity, Equity, and Social Justice*, ed. Denise E. Armstrong and Brenda J. McMahon (Charlotte, NC: Information Age Publishing, 2006), 191–212.
5. 7% の割合と、白人による郊外への脱出については以下参照。Bonilla-Silva, *Racism Without Racists*. 住宅需要の現象については以下参照。Lincoln Quillian, "Why Is Black-White Residential Segregation So Persistent? Evidence on Three Theories from Migration Data," *Social Science Research* 31, no. 2 (2002):197–229.
6. Coates, "The Case for Reparations."
7. Menakem, My Grandmother's Hands, 7.
8. Ta-Nehisi Coates, "The First White President: The Foundation of Donald Trump's Presidency Is the Negation of Barack Obama's Legacy," *Atlantic*, October 2017, https://www.theatlantic.com/magazine/archive/2017/10/the-first-white-president-ta-nehisi-coates/537909.
9. Sherene Razack, *Looking White People in the Eye: Gender, Race, and Culture in Courtrooms and Classrooms* (Toronto: University of Toronto Press, 1998).
10. Carol Anderson, *White Rage: The Unspoken Truth of Our Racial Divide* (New York: Bloomsbury, 2016).
11. リストに挙げたイデオロギーは Özlem Sensoy と Robin DiAngelo による次の著書のリストを修正したものである。*Is Everyone Really Equal? An Introduction to Key Concepts in Critical Social Justice Education*, 2nd ed. (New York: Teachers College Press, 2017), 209.

2. Melissah Yang, "Kinds of Shade," *CNN.com*, September 13, 2017, http://www.cnn.com/2017/09/13/entertainment/rihanna-fenty-beauty-foundation/index.html.
3. McIntosh, "White Privilege and Male Privilege."
4. Patrick Rosal, "To the Lady Who Mistook Me for the Help at the National Book Awards," *Literary Hub*, November 1, 2017, http://lithub.com/to-the-lady-who-mistook-me-for-the-help-at-the-national-book-awards.
5. McIntosh, "White Privilege and Male Privilege."
6. 同上。
7. この施設は Southern Poverty Law Center の訴訟により破産した後、2001 年に閉鎖された。
8. McIntosh, "White Privilege and Male Privilege."
9. Sheila M. Eldred, "Is This the Perfect Face?," *Discovery News*, April 26,2012.
10. Christine E. Sleeter, *Multicultural Education as Social Activism* (Albany,NY: SUNY Press, 1996), 149.
11. 特記されていないかぎり、このリストの情報は以下の引用である。OXFAM, "An Economy for the 99%," briefing paper, January 2017, https://www.oxfam.org/en/research/economy-99.
12. Bloomberg Billionaire's Index, 2017, https://www.bloomberg.com/billionaires.
13. World Bank, *Annual GDP Rankings*, report, 2017, http://data.worldbank.org/data-catalog/GDP-ranking-table.
14. Bloomberg Billionaire's Index.
15. Matthew F. Delmont, *Why Busing Failed: Race, Media, and the National Resistance to School Desegregation* (Oakland: University of California Press, 2016).
16. Johnson and Shapiro, "Good Neighborhoods, Good Schools."
17. George S. Bridges and Sara Steen, "Racial Disparities in Official Assessments of Juvenile Offenders: Attributional Stereotypes as Mediating Mechanisms," *American Sociological Review* 63, no. 4 (1998): 554–70.
18. Kelly M. Hoffman, "Racial Bias in Pain Assessment and Treatment Recommendations, and False Beliefs About Biological Differences Between Blacks and Whites," *Proceedings of the National Academy of Science* 113, no. 16 (2016): 4296–4301.
19. Zeus Leonardo, "The Color of Supremacy: Beyond the Discourse of 'White Privilege,'" *Educational Philosophy and Theory* 36, no. 2 (2004):137–52, published online January 9, 2013.
20. James Baldwin, response to Paul Weiss, *Dick Cavett Show*, 1965, video available at https://www.youtube.com/watch?v=_fZQQ7o16yQ.
21. Casey J. Dawkins, "Recent Evidence on the Continuing Causes of Black-White Residential Segregation," *Journal of Urban Affairs* 26, no. 3 (2004): 379–400; Johnson and Shapiro, "Good Neighborhoods, Good Schools."
22. Amy Stuart Wells, quoted in Nikole Hannah-Jones, "Choosing a School for My Daughter in a Segregated City," *New York Times Magazine*, June 9, 2016, https://www.nytimes.com/2016/06/12/magazine/choosing-a-school-for-my-daughter-in-a-segregated-city.html.

V

1. Barbara Trepagnier, *Silent Racism: How Well-Meaning White People Perpetuate the Racial Divide*, exp. ed. (orig. 2006; New York: Paradigm, 2010).
2. Omowale Akintunde, "White Racism, White Supremacy, White Privilege, and the Social Construction of Race: Moving from Modernist to Postmodernist Multiculturalism," *Multicultural Education* 7, no. 2 (1999): 1.
3. Derman-Sparks, Ramsey, and Edwards, *What If All the Kids Are White?*; Debra Van Ausdale and Joe

Racism, ed. Paula S. Rothenberg, 3rd ed. (2001; New York: Worth Publishers, 2008), 147–52.

Ⅲ

1. Martin Barker, *The New Racism: Conservatives and the Ideology of the Tribe* (London: Junction Books, 1981).
2. Eduardo Bonilla-Silva, *Racism Without Racists: Color-Blind Racism and the Persistence of Racial Inequality in America*, 4th ed. (2003; Lanham, MD: Rowman & Littlefield, 2013).
3. 同上。
4. John F. Dovidio, Peter Glick, and Laurie A. Rudman, eds., *On the Nature of Prejudice: Fifty Years After Allport* (Malden, MA: Blackwell Publishing, 2005); Anthony G. Greenwald and Linda Hamilton Krieger, "Implicit Bias:Scientific Foundations," *California Law Review* 94, no. 4 (2006): 945–67.
5. Marianne Bertrand and Sendhil Mullainathan, "Are Emily and Greg More Employable Than Lakisha and Jamal? A Field Experiment on Labor Market Discrimination," *American Economic Review* 94, no. 4(September 2004): 991–1013.
6. Gordon Hodson, John Dovidio, and Samuel L. Gaertner, "The Aversive Form of Racism," *Psychology of Prejudice and Discrimination* (Race and Ethnicity in Psychology) 1 (2004): 119–36.
7. Lincoln Quillian and Devah Pager, "Black Neighbors, Higher Crime? The Role of Racial Stereotypes in Evaluations of Neighborhood Crime," *American Journal of Sociology* 107, no. 3 (November 2001): 717–67.
8. Toni Morrison, "On the Backs of Blacks," *Time*, December 2, 1993, http://content.time.com/time/magazine/article/0,9171,979736,00.html.
9. Robin DiAngelo, "The Sketch Factor: 'Bad Neighborhood' Narratives as Discursive Violence," in *The Assault on Communities of Color: Exploring the Realities of Race-Based Violence*, ed. Kenneth Fasching Varner and Nicholas Daniel Hartlep (New York: Rowman & Littlefield, 2016).
10. Joe R. Feagin, *Systemic Racism: A Theory of Oppression* (New York: Taylor & Francis, 2006); Kristen Myers, "Reproducing White Supremacy Through Casual Discourse," in Doane and Bonilla-Silva, *White Out*,129–44; Johnson and Shapiro, "Good Neighborhoods, Good Schools," 173–88; Robin DiAngelo and Özlem Sensoy, "Getting Slammed: White Depictions of Race Discussions as Arenas of Violence," *Race Ethnicity and Education* 17, no. 1 (2014): 103–28.
11. Kenneth B. Clark and Mamie P. Clark, "Emotional Factors in Racial Identification and Preference in Negro Children," *Journal of Negro Education* 19, no. 3 (1950): 341–50; Louise Derman-Sparks, Patricia G. Ramsey, and Julie Olsen Edwards, *What If All the Kids Are White? Anti-Bias Multicultural Education with Young Children and Families* (New York: Teachers College Press, 2006).
12. Jamelle Bouie, "Why Do Millennials Not Understand Racism?," Slate, May 16, 2014, http://www.slate.com/articles/news_and_politics/politics/2014/05/millennials_racism_and_mtv_poll_young_people_are_confused_about_bias_prejudice.html.
13. Leslie H. Picca and Joe R. Feagin, *Two-Faced Racism: Whites in the Backstage and Frontstage* (New York: Taylor and Francis, 2007).
14. 同上。

Ⅳ

1. Carole Schroeder and Robin DiAngelo, "Addressing Whiteness in Nursing Education: The Sociopolitical Climate Project at the University of Washington School of Nursing," *Advances in Nursing Science* 33, no. 3 (2010): 244–55.

14. Stuart Hall, *Representation: Cultural Representation and Signifying Practices* (London: Sage, 1997).
15. この記録の詳細は以下参照。Robin DiAngelo, *What Does It Mean to Be White? Developing White Racial Literacy* (New York: Peter Lang, 2016).
16. Marilyn Frye, *The Politics of Reality: Essays in Feminist Theory* (Trumansburg, NY: Crossing Press, 1983).
17. David T. Wellman, *Portraits of White Racism* (Cambridge, UK: Cambridge University Press, 1977).
18. Peggy McIntosh, "White Privilege and Male Privilege: A Personal Account of Coming to See Correspondence Through Work in Women's Studies," in *Race, Class, and Gender: An Anthology*, ed. M. Andersonand P. Hill, 9th ed. (Belmont, CA: Wadsworth, 2012), 94–105.
19. Cheryl I. Harris, "Whiteness as Property," *Harvard Law Review* 106, no.8 (1993): 1744.
20. George Lipsitz, *The Possessive Investment in Whiteness: How White People Profit from Identity Politics* (Philadelphia: Temple UniversityPress, 2006), 1.
21. Ruth Frankenberg, "Local Whiteness, Localizing Whiteness," in *Displacing Whiteness: Essays in Social and Cultural Criticism*, ed. Ruth Frankenberg (Durham, NC: Duke University Press, 1997), 1.
22. Charles W. Mills, *The Racial Contract* (Ithaca, NY: Cornell University Press, 1997), 122.
23. 同上、1.
24. Ta-Nehisi Coates, "The Case for Reparations," *Atlantic*, June 2014, https://www.theatlantic.com/magazine/archive/2014/06/the-case-for-reparations/361631. タナハシ・コーツ『僕の大統領は黒人だった――バラク・オバマとアメリカの 8 年』（上）池田年穂ほか訳、慶應義塾大学出版会、2020 年、「第 6 章　二〇一四年」を参照した。
25. Mills, *The Racial Contract*, 40.
26. Haeyoun Park, Josh Keller, and Josh Williams, "The Faces of American Power, Nearly as White as the Oscar Nominees," *New York Times*, February 26, 2016, https://www.nytimes.com/interactive/2016/02/26/us/race-of-american-power.html; "All Time Box Office: Worldwide Grosses," Box Office Mojo, 2017, http://www.boxofficemojo.com/alltime/world/; US Department of Education, Office of Planning, Evaluation and Policy Development, Policy and Program Studies Service, *The State of Racial Diversity in the Educator Workforce. Diversity* (Washington, DC: July 2016), https://www2.ed.gov/rschstat/eval/highered/racial-diversity/state-racial-diversity-workforce.pdf; "Number of Full-Time Faculty Members by Sex, Rank, and Racial and Ethnic Group, Fall 2007," *Chronicle of Higher Education*, August 24, 2009, https://www.chronicle.com/article/Numberof-Full-Time-Faculty/47992/.
27. Harrison Jacobs, "Former Neo-Nazi: Here's Why There's No Real Difference Between 'Alt-Right,' 'White Nationalism,' and 'White Supremacy,'" *Business Insider*, August 23, 2017, http://www.businessinsider.com/why-no-difference-alt-right-white-nationalism-white-supremacy-neo-nazi-charlottesville-2017-8.
28. Derek Black, "'The Daily' Transcript: Interview with Former White Nationalist Derek Black," interview by Michael Barbaro, *New York Times*, August 22, 2017, https://www.nytimes.com/2017/08/22/podcasts/the-daily-transcript-derek-black.html.
29. Lee Atwater, interview with Alexander P. Lamis, July 8, 1981, quoted in Alexander P. Lamis, *The Two-Party South* (New York: Oxford University Press, 1984). この本のはじめの版では回答者名が匿名の内部者とされていたが、同書の 1990 年版で、アトウォーターであることが明かされた。同じインタビューが下記にも引用されている。Bob Herbert, "Impossible, Ridiculous, Repugnant," *New York Times*, October 6, 2005.Interpolations in original.
30. Joe R. Feagin, *The White Racial Frame: Centuries of Racial Framing and Counter-Framing* (New York: Routledge, 2013).
31. Beverly Daniel Tatum, "Breaking the Silence," in *White Privilege: Essential Readings on the Other Side of*

註

序

1. Angela Onwuachi-Willig, *According to Our Hearts: Rhinelander v. Rhinelander and the Law of the Multiracial Family* (New Haven, CT:Yale University Press, 2013).
2. Larry Adelman, Race: The Power of an Illusion, video (San Francisco: California Newsreel, 2003); Heather Beth Johnson and Thomas M. Shapiro, "Good Neighborhoods, Good Schools: Race and the 'Good Choices' of White Families," in *White Out: The Continuing Significance of Racism,* ed. Ashley W. Doane and Eduardo Bonilla-Silva (New York: Routledge, 2003), 173–87.

II

1. Luigi Luca Cavalli-Sforza, Paolo Menozzi, and Alberto Piazza, *The History and Geography of Human Genes* (Princeton, NJ: Princeton University Press, 1994).
2. Richard S. Cooper, Jay S. Kaufman, and Ryk Ward, "Race and Genomics," *New England Journal of Medicine* 348, no. 12 (2003): 1166–70.
3. Resmaa Menakem, *My Grandmother's Hands: Racialized Trauma and the Pathway to Mending Our Hearts and Bodies* (Las Vegas: Central Recovery Press, 2017).
4. Thomas Jefferson, *Notes on the State of Virginia; with Related Documents,* ed. David Waldstreicher (Boston: Bedford/St. Martin's, 2002).
5. Nancy Leys Stepan and Sander L. Gilman, "Appropriating the Idioms of Science: The Rejection of Scientific Racism," in *The "Racial" Economy of Science: Toward a Democratic Future*, ed. Sandra Harding (Bloomington:Indiana University Press, 1993).
6. Ta-Nehisi Coates, *Between the World and Me* (New York: Spiegel &Grau, 2015).
7. Ibram X. Kendi, *Stamped from the Beginning* (New York: Nation Books,2016).
8. Thomas F. Gossett, *Race: The History of an Idea* (New York: Oxford University Press, 1997); Noel Ignatiev, *How the Irish Became White* (New York: Routledge, 1995); Matthew Frye Jacobson, *Whiteness of a Different Color: European Immigrants and the Alchemy of Race* (Cambridge, MA: Harvard University Press, 1999).
9. John Tehranian, "Performing Whiteness: Naturalization Litigation and the Construction of Racial Identity in America," *Yale Law Journal* 109,no. 4 (2000): 817–48.
10. Ignatiev, *How the Irish Became White*; Jacobson, *Whiteness of a Different Color*; David Roediger, *The Wages of Whiteness: Race and the Making of the American Working Class*, rev. ed. (1999; New York: Verso, 2003).
11. Roediger, *Wages of Whiteness*.
12. 労働者階級の白人と資本家の白人との「駆け引き」についての鋭い分析としては以下参照。Lillian Smith, *Killers of the Dream* (New York: W. W. Norton, 1949).
13. J. Kēhaulani Kauanui, "'A Structure, Not an Event': Settler Colonialism and Enduring Indigeneity," *Lateral: Journal of the Cultural Studies Association* 5, no. 1 (2016), https://doi.org/10.25158/L5.1.7.

Moraga, Cherríe, and Gloria Andzaldúa, eds. *This Bridge Called My Back: Writings by Radical Women of Color*. New York: State University of NewYork Press, 2015.
Morrison, Toni. *Playing in the Dark: Whiteness and the Literary Imagination*. New York: Random House, 1992.［トニ・モリスン、大社淑子訳『白さと想像力——アメリカ文学の黒人像』朝日新聞社、1994］
Oluo, Ijeoma. *So You Want to Talk About Race*. Berkeley, CA: Seal Press, 2018.
Raising Race Conscious Children. Home page. http://www.raceconscious.org.
Sensoy, Özlem, and Robin DiAngelo. *Is Everyone Really Equal? An Introduction to Key Concepts in Critical Social Justice Education*, 2nd ed. New York: Teachers College Press, 2017.
Shaheen, Jack G. "Reel Bad Arabs: How Hollywood Vilifies a People." *Annals of the American Academy of Political and Social Science* 588, no. 1(2003).
Singleton, Glenn. *Courageous Conversations About Race: A Field Guide for Achieving Equity in Schools*. 2nd ed. Thousand Oaks, CA: Corwin, 2014.
Tatum, Beverly. *Why Are All the Black Kids Sitting Together in the Cafeteria: And Other Conversations About Race*, Twentieth anniv. rev. ed. New York: Basic Books, 2017.
Van Ausdale, Debra, and Joe R. Feagin. *The First R: How Children Learn Race and Racism*. Lanham, MD: Rowman & Littlefield, 2001.
Wise, Tim. *White Like Me: Reflections on Race from a Privileged Son*. Berkeley, CA: Soft Skull Press/Counterpoint, 2010.

映画

Chisholm '72: Unbought and Unbossed. Shola Lynch, dir. and prod. REALside, 2004. http://www.pbs.org/pov/chisholm.
A Class Divided. William Peters, dir. and prod. Yale University Films for Frontline, PBS. WGBH Education Foundation, 1985. https://www.pbs.org/wgbh/frontline/film/class-divided.
The Color of Fear. Stirfry Seminars, 1994. http://www.stirfryseminars.com/store/products/cof_bundle.php.
Cracking the Codes: The System of Racial Inequity. World Trust, 2013.https://world-trust.org.
Eyes on the Prize: America's Civil Rights Years 1954–1965. Season 1. DVD. Produced by Blackside for PBS, 2009.
In Whose Honor? Jay Rosenstein, dir. On POV (PBS), premiered July 15,1997. http://www.pbs.org/pov/inwhosehonor.
Mirrors of Privilege: Making Whiteness Visible. World Trust, 2007. https://world-trust.org.
Race: The Power of an Illusion. Larry Adelman, exec. prod. San Francisco: California Newsreel, 2003. http://www.pbs.org/race/000_General/000_00-Home.htm.
Reel Bad Arabs. Jeremy Earp, dir. Media Education Foundation, 2006. http://freedocumentaries.org/documentary/reel-bad-arabs.
The Revisionaries. Scott Thurman, dir. Making History Productions, 2012. http://www.pbs.org/independentlens/films/revisionaries.
13th. Ava DuVernay, dir. Netflix, 2016. https://www.netflix.com/title/80091741.［13th 憲法修正第13 条］

参考文献

書籍・記事・ブログ

Alexander, Michelle. *The New Jim Crow: Mass Incarceration in the Age of Colorblindness*. New York: New Press, 2010.

Anderson, Carol. *White Rage: The Unspoken Truth of Our Racial Divide*. New York: Bloomsbury, 2016.

Biewen, John. *Seeing White. Podcast bibliography. Center for Documentary Studies*, Duke University, 2015. http://podcast.cdsporch.org/seeing-white/seeing-white-bibliography.

Bonilla-Silva, Eduardo. *Racism Without Racists: Color-Blind Racism and the Persistence of Racial Inequality in America*. 4th ed. Lanham, MD: Rowman & Littlefield, 2013. First published 2003.

Brown, Dee. *Bury My Heart at Wounded Knee*. New York: Open Road Media, 2012.［ディー・ブラウン、鈴木主税訳『わが魂を聖地に埋めよ』上・下、2013］

Coates, Ta-Nehisi. *Between the World and Me*. New York: Spiegel & Grau, 2015.［タナハシ・コーツ、池田年穂訳『世界と僕のあいだに』慶應義塾大学出版会、2017］

———. "The Case for Reparations." *Atlantic*, June 2014.

Dyson, Michael Eric. *Tears We Cannot Stop: A Sermon to a White America*. New York: St. Martin's Press, 2017.

Feagin, Joe R. *The White Racial Frame: Centuries of Racial Framing and Counter-Framing*. New York: Routledge, 2013.

Gaskins, Pearl Fuyo, ed. *What Are You? Voices of Mixed-Race Young People*. New York: Henry Holt & Co., 1999.

Irving, Debby. *Waking Up White: And Finding Myself in the Story of Race*. Boston: Elephant Room Press, 2014.

Kamenetz, Anya. "Resources for Educators to Use in the Wake of Charlottesville." NPR, August 14, 2017. https://www.npr.org/sections/ed/2017/08/14/543390148/resources-for-educators-to-use-the-wake-of-charlottesville.

Kendi, Ibram X. *Stamped from the Beginning*. New York: Nation Books, 2016.

Lee, Stacey. *Unraveling the "Model-Minority" Stereotype: Listening to Asian American Youth*. New York: Teachers College Press, 1996.

———. *Up Against Whiteness: Race, School, and Immigrant Youth*. New York: Teachers College Press, 2005).

Loewen, James W. *Lies My Teacher Told Me: Everything Your American History Textbook Got Wrong*, rev. ed. New York: New Press, 2008.［ジェームズ・W. ローウェン、富田虎男監訳『アメリカの歴史教科書問題——先生が教えた嘘』明石書店、2003］

Menakem, Resmaa. *My Grandmother's Hands: Racialized Trauma and the Pathway to Mending Our Hearts and Bodies*. Las Vegas: Central Recovery Press, 2017.

Mills, Charles W. *The Racial Contract*. Ithaca, NY: Cornell University Press, 1997.

Moore, Eddie, Ali Michael, and Marguerite W. Penick-Parks. *The Guide for White Women Who Teach Black Boys*. Thousand Oaks, CA: Corwin, 2017.

【著者紹介】

ロビン・ディアンジェロ（Robin DiAngelo）

批判的言説分析と白人性研究の分野で活躍する研究者、教育者であり作家。ウェストフィールド州立大学とワシントン大学にて教鞭。20年以上にわたり、人種問題と社会正義についてコンサルティングとトレーニングを実施。*What Does It Mean to Be White?: Developing White Racial Literacy* など多くの著書がある。本書のもととなった論説“White Fragility”は米国の人種論争に影響を与えた。ニューヨーク・タイムズ、カラーラインズ、サロン、アトランティックなど各紙、メディアに引用され、NPR（米公共ラジオ局）でも紹介された。

【監訳者紹介】

貴堂嘉之（きどう・よしゆき）

1966年、東京都生まれ。1994年、東京大学大学院総合文化研究科博士課程中退。現在、一橋大学大学院社会学研究科長・教授。専攻はアメリカ合衆国史、人種・エスニシティ・ジェンダー研究、移民研究。著書に『南北戦争の時代　19世紀』、『移民国家アメリカの歴史』（共に岩波新書）、『アメリカ合衆国と中国人移民』（名古屋大学出版会）など。編著に『「ヘイト」の時代のアメリカ史』（彩流社）。

【訳者紹介】

上田勢子（うえだ・せいこ）

慶應義塾大学文学部社会学科卒。1979年より米国カリフォルニア州在住。『イラスト版 子どもの認知行動療法』全10巻、『見えない性的指向　アセクシュアルのすべて』、『家庭で育むしなやかマインドセット』（以上、明石書店）、『10代のためのマインドフルネストレーニング』、『10代のための実行機能トレーニング』（共に合同出版）など、児童書や一般書の翻訳を多く手掛ける。

ホワイト・フラジリティ　私たちはなぜレイシズムに向き合えないのか

2021年6月5日　初版第1刷発行

著　者――ロビン・ディアンジェロ
監訳者――貴堂嘉之
訳　者――上田勢子

発行者――大江道雅
発行所――株式会社 明石書店
〒101-0021 東京都千代田区外神田 6-9-5
電話 03-5818-1171　FAX 03-5818-1174
振替 00100-7-24505
https://www.akashi.co.jp
装　丁――間村俊一
印刷／製本―モリモト印刷株式会社
ISBN 978-4-7503-5206-0
（定価はカバーに表示してあります）